最高人民检察院
第四十批指导性案例
适用指引

·生态环境公益诉讼·

最高人民检察院第八检察厅　编著

中国检察出版社

图书在版编目（CIP）数据

最高人民检察院第四十批指导性案例适用指引：生
态环境公益诉讼 / 最高人民检察院第八检察厅编著 . —
北京：中国检察出版社，2023.12
ISBN 978 - 7 - 5102 - 2849 - 0

Ⅰ.①最… Ⅱ.①最… Ⅲ.①案例 - 汇编 - 中国
Ⅳ.①D920.5

中国国家版本馆 CIP 数据核字（2023）第 228516 号

最高人民检察院第四十批指导性案例适用指引（生态环境公益诉讼）

最高人民检察院第八检察厅　编著

责任编辑：杜英琴
技术编辑：王英英
美术编辑：徐嘉武

出版发行　中国检察出版社
社　　址：北京市石景山区香山南路 109 号 （100144）
网　　址：中国检察出版社（www. zgjccbs. com）
编辑电话：（010）86423766
发行电话：（010）86423726　86423727　86423728
　　　　　　（010）86423730　86423732
经　　销：新华书店
印　　刷：河北宝昌佳彩印刷有限公司
开　　本：710 mm × 960 mm　16 开
印　　张：17.75
字　　数：203 千字
版　　次：2023 年 12 月第一版　　2023 年 12 月第一次印刷
书　　号：ISBN 978 - 7 - 5102 - 2849 - 0
定　　价：60.00 元

目 录
CONTENTS

第二部分　最高人民检察院第四十批指导性案例
权威解读及实践思考

新闻发布

履行生态环境检察公益诉讼保护职责细化实践操作指引

权威解读

充分发挥公益诉讼检察制度在生态文明建设中的职能作用

办案实践与思考

第三部分　生态环境公益诉讼优秀案例

第一部分

最高人民检察院
第四十批指导性案例及文书

关于印发最高人民检察院
第四十批指导性案例的通知

（高检发办字〔2022〕132 号）

各省、自治区、直辖市人民检察院，解放军军事检察院，新疆生产建设兵团人民检察院：

经 2022 年 3 月 24 日最高人民检察院第十三届检察委员会第九十四次会议通过，现将吉林省检察机关督促履行环境保护监管职责行政公益诉讼案等四件案例（检例第 162—165 号）作为第四十批指导性案例（生态环境公益诉讼主题）发布，供参照适用。

最高人民检察院

2022 年 9 月 19 日

吉林省检察机关督促履行环境
保护监管职责行政公益诉讼案

（检例第 162 号）

关键词

行政公益诉讼　生态环境保护　监督管理职责　抗诉

要旨

《中华人民共和国行政诉讼法》第二十五条第四款中的"监督管理职责"，不仅包括行政机关对违法行为的行政处罚职责，也包括行政机关为避免公益损害持续或扩大，依据法律、法规、规章等规定，运用公共权力、使用公共资金等对受损公益进行恢复等综合性治理职责。上级检察机关对于确有错误的生效公益诉讼裁判，应当依法提出抗诉。

基本案情

松花江作为吉林省的母亲河，串联起吉林省境内 80% 的河湖系统，相关流域生态系统保护十分重要。吉林省德惠市朝阳乡辖区内某荒地垃圾就地堆放，形成两处大规模垃圾堆放场，截至

2017 年已存在 10 余年。该垃圾堆放场位于松花江两岸堤防之间，占地面积巨大，主要为破旧衣物、餐厨垃圾、农作物秸秆、塑料袋等生活垃圾和农业固体废物，也包括部分砖瓦、石块、混凝土等建筑垃圾。该垃圾堆放场未作防渗漏、防扬散及无害化处理，常年散发刺鼻气味，影响松花江水质安全和行洪安全。

检察机关履职过程

（一）行政公益诉讼诉前程序

吉林省德惠市人民检察院（以下简称德惠市院）在开展"服务幸福德惠，保障民生民利"检察专项活动中发现该案件线索，经初步调查认为，垃圾堆放场污染环境，影响行洪安全，损害社会公共利益，遂于 2017 年 3 月 31 日对该线索立案调查。

经聘请专业机构对垃圾堆放场进行测绘，两处垃圾堆放场总占地面积为 2148.86 平方米，垃圾总容量为 6051.5 立方米。经委托环保专家进行鉴别，垃圾堆放场堆存物属于典型的农村生活垃圾，垃圾堆放处未见防渗漏等污染防治设施，垃圾产生的渗滤液可能对地表水及地下水造成污染，散发的含有硫、氨等的恶臭气体污染空气。环保专家及德惠市环境保护局出具意见，建议对堆存垃圾尽快做无害化处置。

德惠市院认为，根据《中华人民共和国环境保护法》《中华人民共和国固体废物污染环境防治法》以及住房城乡建设部、中央农办等 10 部门《关于全面推进农村垃圾治理的指导意见》（建村〔2015〕170 号）等相关规定，德惠市朝阳乡人民政府（以下简称朝阳乡政府）对本行政区域环境保护负有监督管理职责，对违法堆放的垃圾有责任进行清运处理。2017 年 4 月 18

日，德惠市院向朝阳乡政府发出检察建议，督促其对违法堆放的垃圾进行处理。因本案同时涉及河道安全，德惠市院同步向德惠市水利局制发检察建议，督促其依法履行河道管理职责，对擅自倾倒、堆放垃圾的行为依法进行处罚，恢复河道原状。德惠市水利局收到检察建议后，对案件现场进行了勘查并调取垃圾存放位置的平面图，确认两处垃圾堆放场均处于松花江两岸堤防之间，影响流域水体及河道行洪安全，属于松花江河道管理范围，遂派员到朝阳乡进行检查督导，并责令朝阳乡政府及时组织垃圾清理。

2017 年 5 月 12 日，朝阳乡政府书面回复称对检察建议反映的问题高度重视，已制定垃圾堆放场整治方案。6 月 5 日至 6 月 23 日，德惠市院对整改情况跟进调查发现，垃圾堆放场边缘地带陆续有新增的垃圾出现，朝阳乡政府在未采取防渗漏等无害化处理措施的情况下，雇佣人员、机械用沙土对堆放的垃圾进行掩埋处理，环境污染未得到有效整治，公益持续受损。

（二）提起行政公益诉讼

2017 年 6 月 27 日，德惠市院向德惠市人民法院提起行政公益诉讼，请求：1. 确认被告朝阳乡政府对垃圾堆放处理不履行监管职责违法；2. 判令朝阳乡政府立即依法履行职责，对违法形成的垃圾堆放场进行处理，恢复原有的生态环境。朝阳乡政府辩称，垃圾堆放场属于松花江河道管理范围，监管主体是水利行政机关，其依法不应承担对涉案垃圾堆放场的监管职责。

2017 年 12 月 25 日，德惠市人民法院作出一审行政裁定认为，本案垃圾是德惠市朝阳乡区域的生活垃圾，该垃圾堆放场位于松花江国堤内，属于松花江河道管理范围，其监管职责应当由有关行政主管部门行使，朝阳乡政府只对该事项负有管理职责，不是本案的适格被告，裁定驳回德惠市院的起诉。

2018 年 1 月 4 日，德惠市院提出上诉认为，一审裁定在认定朝阳乡政府有管理职责的前提下，认定其不是适格被告，于法无据。长春市中级人民法院二审审理认为：行政机关对生态环境行政管理职责包含两方面的含义：一是运用公共权力使用公共资金，组织相关部门对生态环境进行治理；二是运用公共权力对破坏生态环境的违法行为进行监督管理。《中华人民共和国行政诉讼法》第二十五条第四款规定的"监督管理职责"应当不包括行政机关"运用公共权力使用公共资金，组织相关部门对生态环境进行治理"的管理职责。朝阳乡政府不是履行"对破坏生态环境的违法行为进行制止和处罚的监督管理职责"的责任主体。检察机关引用的法律法规及相关文件仅宏观规定了乡镇政府负责辖区内的环境保护工作，但没有具体明确如何负责。因此，朝阳乡政府是否履行清理垃圾的职责不受行政诉讼法调整；朝阳乡政府不是履行对破坏生态环境的违法行为进行制止和处罚的监督管理职责的责任主体。2018 年 4 月 20 日，长春市中级人民法院做出二审裁定，驳回检察机关上诉，维持原裁定。

（三）提出抗诉

吉林省人民检察院经审查，于 2018 年 6 月 25 日向吉林省高级人民法院提出抗诉，抗诉理由为二审裁定适用法律错误：一是现行行政诉讼法律体系对"监督管理职责"未做任何限定和划分，而二审法院将行政机关的法定监管职责区分为治理职责和对违法行为的监管职责，二审裁定提出的"目前行政诉讼有权调整的行政行为应当限定在行政机关运用公共权力对破坏生态环境的违法行为进行监督管理的范围内"，是对"监督管理职责"进行限缩解释，与立法原意不符；二是将行政机关的职责区分为治理职责和对违法行为的监管职责，没有法律依据，属于适用法律错误；三是法律、行政法规、地方性法规以及从省级到县级关于生态环境保护工作职责的文件，都明确规定了乡镇人民政府对于辖区环境卫生的监管职责，朝阳乡政府对其乡镇辖区存在的生活垃圾处理负有监管职责。

2019 年 5 月 29 日，吉林省高级人民法院对本案组织了听证，吉林省人民检察院和德惠市院、朝阳乡政府共同参加了听证会。同年 12 月 30 日，吉林省高级人民法院经审理作出再审裁定认为：本案争议的焦点是朝阳乡政府对其辖区范围内环境卫生是否负有监督管理职责。环境是典型的公共产品，环境卫生的"监督管理职责"具有一定的复杂性，并非某一行政部门或某级人民政府独有的行政职责。因此，对于垃圾堆放等破坏辖区范围内环境卫生的行为，乡级人民政府应当依法履行"监督管理职责"。本案中，案涉垃圾堆放地点位于朝阳乡辖区，朝阳乡政府具有"监督管理职责"，德惠市院提起的公益诉讼符合《中华人民共和国行政诉讼法》规定的起诉条件，本案应予实体审理。法律、法规、规章或其他规范性文件是行政机关职责或行政作为义务的主要来源，这其中无论是明确式规定，或者是概括式规定，都属于行政机关的法定职责范畴，二审沿用"私益诉讼"思路审理"公益诉讼"案件，忽略了环境保护的特殊性，对乡级人民政府环境保护"监督管理职责"作出限缩解释，确有不妥，本院予以纠正。裁定：支持吉林省人民检察院的抗诉意见，撤销一审、二审裁定，指定德惠市人民法院重新审理。

2020 年 9 月 18 日，德惠市人民法院重新组成合议庭审理本案。在此期间，朝阳乡政府对案涉垃圾堆放场进行了清理，经吉林省、长春市、德惠市三级人民检察院共同现场确认，垃圾确已彻底清理，但因朝阳乡政府对其履职尽责标准仍然存在不同认识，德惠市院决定撤回第二项关于要求朝阳乡政府依法履职的诉讼请求，保留第一项确认违法的诉讼请求。2020 年 12 月 28 日，德惠市人民法院作出行政判决认为，对于垃圾堆放等破坏辖区内环境卫生的行为，乡级人民政府应当依法履行"监督管理职责"，本案符合法定起诉条件。朝阳乡政府对辖区内的环境具有监管职责，在收到检察建议后未及时履行监管职责进行治理，虽然现在已治理完毕，但德惠市院请求确认朝阳乡政府原行政行为违法，于法有据。判决：确认朝阳乡政府原不依法履行生活垃圾处理职责违法。朝阳乡政府未提出上诉，该判决已生效。

指导意义

（一）正确理解行政机关的"监督管理职责"。《中华人民共和国行政诉讼法》第二十五条第四款规定的"监督管理职责"，不仅包括行政机关对违法行为的行政处罚职责，也包括行政机关为避免公益损害持续或扩大，依据法律、法规、行政规章和规范性文件相关授权，运用公共权力、使用公共资金等对受损公益进行修复等综合性治理职责。检察机关提起行政公益诉讼，其目的是通过督促行政机关依法履行监督管理职责来维护国家利益和社会公共利益。行政公益诉讼应当聚焦受损的公共利益，督促行政机关按照法律、法规、行政规章以及其他规范性文件的授权，对违法行为进行监管，对受损公益督促修复；在无法查明违法主体等特殊情形下，自行组织修复，发挥其综合性管理职责。《中华人民共和国地方各级人民代表大会和地方各级人民政府组织法》《中华人民共和国环境保护法》等法律赋予基层人民政府对辖区环境的综合性管理职责，对于历史形成的农村垃圾堆放场，基层人民政府应当主动依法履职进行环境整治，而不能将自身履职标准仅仅限缩于对违法行为的行政处罚。

（二）检察机关提起行政公益诉讼后，行政机关认为其不负有相应履职义务，即使对受损公益完成修复或治理的，检察机关仍可以诉请判决确认违法。《最高人民法院关于适用〈中华人民共和国行政诉讼法〉的解释》第八十一条对于行政机关在诉讼过程中履行作为义务下适用确认违法的情形作了规定。《最高人民法院、最高人民检察院关于检察公益诉讼案件适用法律若干问题的解释》第二十四条规定："在行政公益诉讼案件审理过程中，被告纠正违法行为或者依法履行职责而使人民检察院的诉讼请求全部实现，人民检察院撤回起诉的，人民法院应当裁定准许；人民检察院变更诉讼请求，请求确认原行政行为违法的，人民法院应当判决确认违法。"进一步明确了行政公益诉讼中确认违法的适用情形。据此，在行政公益诉讼案件审理过程中，行政机关认可检察机关起诉意见并依法全面履行职责，诉讼请求全部实现的，检察机关可以撤回起诉。但若行政机关对其法定职责及其行为违法性认识违背法律规定，即使依照诉讼请求被动履行了职责，检察机关仍可以诉请判决确认违法，由人民法院通过裁判明确行政机关的行为性质，促进形成行政执法与司法共识。

相关规定

《中华人民共和国行政诉讼法》（2017 年修正）第十三条、第二十五条第四款、第九十一条、第九十三条第一款、第二款

《中华人民共和国地方各级人民代表大会和地方各级人民政

府组织法》（2015 年修正）第六十一条（现为 2022 年修正后的第七十六条）

《中华人民共和国环境保护法》（2014 年修订）第六条第二款、第十九条、第二十八条第一款、第三十三条第二款、第三十七条、第五十一条

《中华人民共和国固体废物污染环境防治法》（2016 年修正）第三十九条、第四十九条（现为 2020 年修订后的第四十八条、第五十九条）

《村庄和集镇规划建设管理条例》（1993 年施行）第六条第三款、第三十九条

《最高人民法院、最高人民检察院关于检察公益诉讼案件适用法律若干问题的解释》（2018 年施行）第二十一条、第二十四条（现为 2020 年修正后的第二十一条、第二十四条）

《最高人民法院关于适用〈中华人民共和国行政诉讼法〉的解释》（2018 年施行）第八十一条

《人民检察院公益诉讼办案规则》（2021 年施行）第九条、第六十四条

《吉林省环境保护条例》第十五条（2004 年修正）（现为 2021 年实施的《吉林省生态环境保护条例》第五条第三款）

附：

德惠市人民检察院
行政公益诉讼起诉书

长德检行公诉〔2017〕1号

公益诉讼人：德惠市人民检察院

被告：德惠市朝阳乡人民政府，住所地德惠市朝阳乡街道

法定代表人：曲某某，德惠市朝阳乡人民政府镇长

诉讼请求：

1. 确认被告德惠市朝阳乡人民政府不履行对垃圾处理的监管职责违法；

2. 判令被告德惠市朝阳乡人民政府立即履行监管职责，对违法形成的垃圾场进行治理，恢复原有的生态环境。

事实和理由：

本院在开展"服务幸福德惠，保障民生民利"行政检察监督专项活动中发现，德惠市朝阳乡境内存在擅自倾倒、堆放生活垃圾情况。经现场勘验，该垃圾堆放场位于德惠市朝阳乡南岗村林场东北方位，距松花江约为500米，属于德惠市朝阳乡辖区，同时该垃圾处理场位于松花江国堤内，属于松花江河道管理范围。该垃圾处理场共有两处堆放点，均为沙土坑，经测绘垃圾堆

放量为 6051.5 立方米，附近林地及路边还有大量零散倾倒的垃圾。垃圾系就地无序堆放，未作防渗漏、防扬散及无害化处理，散发有难闻气味。德惠市朝阳乡人民政府对擅自倾倒、堆放垃圾的行为未依法履行监管职责。

本院于 2017 年 4 月 18 日向被告发出长德检行公建〔2017〕2 号检察建议书，建议依法履行统筹和监管职责，对违法存在的垃圾堆放场立即进行治理，恢复原有的生态环境。2017 年 5 月 12 日被告回复称，朝阳乡党委、乡政府高度重视，制定了朝阳乡垃圾堆放场整治方案。本院于 2017 年 6 月 5 日第一次复查现场，发现其中垃圾堆放点一已作平整及填土覆盖处理，表面形态为垄状，但未耕种，地表残留大量垃圾废物，破除表层土后，可见原先堆放的垃圾未予清除；垃圾堆放点二原有垃圾未见减少，且在一侧发现少量新增的建筑垃圾。本院于 2017 年 6 月 9 日邀请德惠市水利局工作人员第二次复查现场，两处垃圾堆放点形态与前次复查情形基本一致，同时对垃圾场是否属于河道管理范围进行了现场确认，经确认两处垃圾堆放场属于松花江河道管理范围。本院于 2017 年 6 月 17 日邀请环保专家与测绘人员第三次复查现场，发现垃圾堆放点一已被种植农作物，垃圾堆放点二边缘地带又新增两堆生活垃圾与建筑垃圾的混合物，同时原有垃圾堆放场的一部分已作填土覆盖处理。本院于 2017 年 6 月 23 日第四次复查现场，发现垃圾堆放点一仍是被覆土掩盖并被种植农作物状态，有村民在捡拾地表残留垃圾。垃圾堆放点二有铲车正在推土掩埋垃圾，只有少量垃圾尚处于裸露状态。可见，德惠市朝阳乡政府未实际依法履行监管职责，对违法形成的垃圾处理场未进行彻底整治，公共利益仍处于持续损害之中。

认定上述事实的证据有本院现场勘验笔录及照片、德惠市水利局出具的垃圾平面位置图及证明材料、环保专家关于德惠市朝阳乡南岗村林场东北方向两处堆存物的鉴别意见、德惠市环保局关于垃圾对人类和环境的主要危害的证明、德惠市朝阳乡垃圾场土方量项目测绘报告、德惠市人民检察院长德检行公建〔2017〕2 号检察建议书及送达回证、朝阳乡人民政府关于长德检行公建〔2017〕2 号检察建议书的回复等证据证明。

本院认为，根据《中华人民共和国固体废物污染环境防治法》① 第四十九条规定："农村生活垃圾污染环境防治的具体办法，由地方性法规规定。"根据《长春市市容和环境卫生管理条例》第六条第三款"乡（镇）人民政府和街道办事处负责本辖区内的市容和环境卫生管理工作"，及《德惠市生态环境保护工作责任规定（试行）》第九条，乡镇人民政府（街道办事处）生态环境保护职责第（五）项"抓好生活垃圾分类处置、生活污水集中处理，加强农村饮用水源和耕地保护"及第（六）项"负责域内河道垃圾、畜禽尸体等对水体产生污染的物质实施清理和处理，对乡镇（街）出境断面水质负责"之规定，被告对辖区内生活垃圾的处理负有监管职责。

根据《中华人民共和国固体废物污染环境防治法》第十七条"收集、贮存、运输、利用、处置固体废物的单位和个人，必须采取防扬散、防流失、防渗漏或者其他防止污染环境的措施；不得擅自倾倒、堆放、丢弃、遗撒固体废物。禁止任何单位或者个人向江河、湖泊、运河、渠道、水库及其最高水位线以下的滩地和岸坡等法律、法规规定禁止倾倒、堆放废弃物的地点倾倒、堆放固体废弃物"之规定，《中华人民共和国河道管理条

---

① 此处是指 2016 年修正的《固体废物污染环境防治法》，下同。——编者注

例》第二十四条第一款"在河道管理范围内，禁止修建围堤、阻水渠道、阻水道路；种植高秆农作物、芦苇、杞柳、荻柴和树木（堤防防护林除外）；设置拦河渔具；弃置矿渣、石渣、煤灰、泥土、垃圾等"之规定，《中华人民共和国防洪法》第二十二条第二款"禁止在河道、湖泊管理范围内建设妨碍行洪的建筑物、构筑物，倾倒垃圾、渣土，从事影响河势稳定，危害河岸堤防安全和其他妨碍河道行洪的活动"之规定，以及《生活垃圾填埋场污染控制标准》的相关规范，被告境内的两处生活垃圾处理场均处于松花江两岸国堤之间，属于松花江河道管理范围，且均未采取防扬散、防流失、防渗漏或者其他防止环境污染的措施，既对周围环境产生危害，又对流域水体和行洪产生影响，可以确认被告未尽到监管职责违法。

因被告对擅自倾倒、堆放垃圾的行为不依法履行监管职责，已经对辖区内环境造成污染，并可能对流域水体和河道行洪产生影响。在检察机关发出检察建议后，其仍未履行监管职责，造成国家和社会公共利益仍处于受侵害状态。现根据《全国人民代表大会常务委员会关于授权最高人民检察院在部分地区开展公益诉讼试点工作的决定》和《人民检察院提起公益诉讼试点工作实施办法》第四十一条的规定，向你院提起诉讼，请依法裁判。

此致

德惠市人民法院

2017 年 6 月 26 日

吉林省德惠市人民法院
行政裁定书

（2017）吉 0183 行初 42 号

公益诉讼人：德惠市人民检察院，住所地德惠市松柏路德大广场东侧

法定代表人：兰舰，检察长

委托代理人：于福录，检察员

委托代理人：王弘润泽，检察员

被告：德惠市朝阳乡人民政府，住所地德惠市朝阳乡

法定代表人：曲某某，德惠市朝阳乡人民政府镇长

委托代理人：杨某某，吉林吉大律师事务所律师

公益诉讼人德惠市人民检察院诉被告德惠市朝阳乡人民政府不履行法定职责一案，公益诉讼人德惠市人民检察院于 2017 年 8 月 8 日向德惠市人民法院提起诉讼。本院受理后，依法组成合议庭，依法向被告送达了起诉书副本及举证须知。被告在法定期限内提交了答辩状，答辩状副本送达了公益诉讼人德惠市人民检察院。公益诉讼人德惠市人民检察院委托代理人于福录、王弘润泽，被告德惠市朝阳乡人民政府法定代表人曲某某、委托代理人杨某某到庭参加诉讼。本案现已审理终结。

公益诉讼人德惠市人民检察院的主要诉讼理由及请求。诉讼请求：1. 确认被告德惠市朝阳乡人民政府不履行对垃圾处理的监管职责违法；2. 判令被告德惠市朝阳乡人民政府立即履行监管职责，对违法形成的垃圾场进行治理，恢复原有的生态环境。事实和理由：本院在开展"服务幸福德惠，保障民生权利"行使检察监督专项活动中发现，德惠市朝阳乡境内存在擅自倾倒、堆放生活垃圾情况。经现场勘验，该垃圾堆放场位于德惠市朝阳乡辖区，同时该垃圾处理场位于松花江国堤内，属于松花江河道管理范围。该垃圾处理场共有两处堆放点，均为沙土坑，经测绘垃圾堆放量为 6051.5 立方米，附近林地及路边还有大量零散倾倒的垃圾。垃圾系就地无序堆放，未作防渗漏、防扬散及无害化处理，散发有难闻气味。德惠市朝阳乡人民政府对擅自倾倒、堆放垃圾的行为未依法履行监管职责。

本院于 2017 年 4 月 18 日向被告发出长德检行公建〔2017〕2 号检察建议书，建议依法履行统筹和监管职责，对违法存在的垃圾堆放场立即进行治理，恢复原有的生态环境。2017 年 5 月 12 日被告回复称，朝阳乡党委、乡政府高度重视，制定了朝阳乡垃圾堆放场整治方案。本院于 2017 年 6 月 5 日第一次复查现场，发现其中垃圾堆放点一已作平整及填土覆盖处理，表面形态为垄状，但未耕种，地表残留大量垃圾废物，破除表层土后，可见原先堆放的垃圾未予清除；垃圾堆放点二原有垃圾未见减少，且在一侧发现少量新增的建筑垃圾。本院于 2017 年 6 月 9 日邀请德惠市水利局工作人员第二次复查现场，两处垃圾堆放点形态与前次复查情形基本一致，同时对垃圾场是否属于河道管理范围进行了现场确认，经确认两处垃圾堆放场属于松花江河道管理范围。本院于 2017 年 6 月 17 日邀请环保专家与测绘人员第三次复查现场，发现垃圾堆放点一已被种植农作物，垃圾堆放点二边缘地带又新增两堆生活垃圾与建筑垃圾的混合物，同时原有垃圾堆放场的一部分已作填土覆盖处理。本院于 2017 年 6 月 23 日第四次复查现场，发现垃圾堆放点一仍是被覆土掩盖并被种植农作物状态，有村民在捡拾地表残留垃圾。垃圾堆放点二有铲车正在推土掩埋垃圾，只有少量垃圾尚处于裸露状态。可见，德惠市朝阳乡人民政府未实际依法履行监管职责，对违法形成的垃圾处理场未进行彻底整治，公共利益仍处于持续损害之中。

认定上述事实的证据有本院现场勘验笔录及照片、德惠市水利局出具的垃圾平面位置图及证明材料、环保专家关于德惠市朝阳乡南岗林场东北方向两处堆存物的鉴别意见、德惠市朝阳乡垃圾场土方量项目测绘报告、德惠市人民检察院长德检行公建〔2017〕2 号检察建议书及送达回证、朝阳乡人民政府关于长德检行公建〔2017〕2 号检察建议书的回复等证据证明。本院认为，根据《中华人民共和国固体废物污染环境防治法》第四十九条规定："农村生活垃圾污染环境防治的具体办法，由地方性法规规定。"根据《长春市市容和环境卫生管理条例》第六条第三款"乡（镇）人民政府和街道办事处负责本辖区内的市容和环境卫生管理工作"，及《德惠市生态环境保护工作责任规定（试行）》第九条，乡镇人民政府（街道办事处）生态环境保护职责第（五）项"抓好生活垃圾分类处置、生活污水集中处理，加强农村饮用水源和耕地保护"及第（六）项"负责域内河道垃圾、畜禽尸体等对水体产生污染的物质实施清理和处理，对乡镇（街）出境断面水质负责"之规定，被告对辖区内生活垃圾的处理负有监管职责。根据《中华人民共和国固体废物污染环境防治法》第十七条"收集、贮存、运输、利用、处置固体废物的单位和个人，必须采取防扬散、防流失、防渗漏或者其他防止污染环境的措施；不得擅自倾倒、堆放、丢弃、遗撒固体废弃物。禁止任何单位或者个人向江河、湖泊、运河、渠道、水库及其最高水位线以下的滩地和岸坡等法律、法规规定禁止倾倒、堆放废弃物的地点倾倒、堆放固体废弃物"之规定，《中华人民共和国河道管理条例》第二十四条第一款"在河道管理范围内，禁止修建围堤、阻水渠道、阻水道路；种植高秆农作物、芦苇、杞柳、荻柴和树木（堤防护林除处）；设置拦河渔具；弃置矿渣、石渣、煤灰、泥土、垃圾等"之规定，《中华人民共和国防洪法》第二十二条第二款"禁止在河道、湖泊管理范围内建设妨碍行洪的建筑物、构筑物，倾倒垃圾、渣土，从事影响河势稳定，危害河岸堤防安全和其他妨碍河道行洪的活动"之规定，被告境内的两处生活垃圾处理场均处于松花江两岸国堤之间，属于松花江河道管理范围，且均未采取防扬散、防流失、防渗漏或者其他防止环境污染的措施，既对周围环境产生危害，又对流域水体和行洪产生影响，可以确认被告未尽到监管职责违法。

因被告对擅自倾倒、堆放垃圾的行为不依法履行监管职责，已经对辖区内环境造成污染，并可能对流域水体和河道行洪产生影响。在检察机关发出检察建议后，其仍未履行监管职责，造成国家和社会公共利益仍处于受侵害状态。现根据《全国人民代表大会常务委员会关于授权最高人民检察院在部分地区开展公益诉讼试点工作的决定》和《人民检察院提起公益诉讼试点工作实施办法》第四十一条的规定，向你院提起诉讼，请依法裁判。

被告德惠市朝阳乡人民政府辩称，答辩人对诉讼请求的第一项不予认可：

一、答辩人依法不应承担对涉案地点垃圾的监管职责，被答

— 19 —

辩人起诉将答辩人确定为监管负责人没有法律依据。被答辩人在起诉书中已经确认"垃圾处理场位于松花江国堤内,属于松花江河道管理范围"。根据这样的事实,我们看一下《河道管理条例》第四条、第五条和第二十四条:第四条"国务院水利行政主管部门是全国河道的主管机关";第五条"其他河道由省、自治区、直辖市或市、县的河道管理机关实施管理";第二十四条"在河道范围内……禁止弃置矿渣、石渣、煤灰、泥土、垃圾等"。这三条行政法规明确规定了河道内垃圾的监管主体是水利行政机关,监管内容包括禁止倾倒垃圾,《河道管理条例》并没有规定该管理责任属于行政区域内的地方政府。被答辩人以《长春市市容和环境卫生管理条例》第六条第三款"乡(镇)人民政府和街道办事处负责本辖区内的市容和环境卫生管理工作"为依据确定答辩人的管理职责是对本法规的曲解,本条一个关键词是"辖区",对这个词的正确理解应当是"有管理权的区域",它不能等同于"行政区",是否有"管理权"应当严格依据法律、法规而定,属于乡镇行政区域的不一定该级别政府就对此区域享有管理权。《长春市市容和环境卫生管理条例》第十三条第五款规定"水库、河流、湖泊、塘坝及其界定的周边范围,其经营者或者管理单位为负责人",这条规定更加明确具体确定了河道管理机关才是垃圾清理的责任主体,也说明本《条例》第六条第三款的"辖区"是不包括上述区域的。被答辩人又以《德惠市生态环境保护工作责任规定(试行)》第九条规定确定答辩人责任主体地位也是没有法律依据的,该《规定》仅属于地方政府的规范性文件,有行政上的约束力但是不具有法律层面的约束力,判断答辩人是否有违法行为不能适用此《规定》。因此,依据现行法律、法规之规定答辩人不应是涉案垃圾的监管责任主体，从而不存在监管职责违法的问题。

二、确定答辩人有监管职责违法有违行政行为内部的合理性。该区域内垃圾是多年形成的，时间跨度长，倾倒主体复杂，涉及到周边各乡镇甚至其他县区。在这样时间历史遗留下的大量垃圾，仅仅在这样一个时间点让答辩人短时间内彻底解决的确是勉为其难，如果在开始倾倒垃圾之初，相关部门就依法、及时、准确地明确监管责任主体，如果在污染形成之前环保部门就把评估意见呈递给各级政府，那么何以形成6000多吨的垃圾，又何以形成目前的结果。更多的熟视无睹后，在某一天突然化成一纸强令，然后把责任强加于答辩人，这明显割裂了现实与历史的关系，忽略过程强求结果，对答辩人明显是不公平的。

三、对涉案垃圾，虽然答辩人不属于法律层面的监管主体，但答辩人作为一级政府必须认真执行市里的工作部署，对涉案垃圾清理工作正在进行。4月中旬，答辩人接到检察院的检察建议书后，对此项工作就进行了认真研究部署，考虑到6000多吨的垃圾，如果按我们现有的人力、物力而且距市区遥远，要将垃圾彻底运走清除可能要费时几个月甚至更长的时间，6月份就是松花江每年的汛期，如果到汛期时垃圾仍然没有清运完，那么就会对周边以及下游城市造成开放性的污染，如果那样就有违我们清除垃圾的根本目的，再一次使工作落入形式化。而且，如果没有专业的垃圾运输车辆，在长途的运输中难免会有垃圾遗落、渗漏，会造成二次污染，综合考虑后，答辩人决定将现有垃圾进行掩埋封闭，最大限度地限制污染扩散，之后协调市里购买垃圾专用车辆，待到汛期结束后，利用一秋一冬时间将所有垃圾清运出河道。在垃圾掩埋后至目前这段时间，答辩人在不断与市领导沟通，研究购买垃圾运输车辆的事，这是事实。被答辩人将我们暂时掩埋垃圾的行为推断成结果行为是错误的，答辩人后续更多的工作被答辩人并不掌握。

综上，答辩人认为被答辩人的诉讼请求第一项不能成立，关于第二项请求那是答辩人落实市委、市政府工作部署，一定会完成的。因此，望法庭驳回被答辩人第一项诉讼请求。

本院认为，公益诉讼人要求确认被告德惠市朝阳乡人民政府不履行对垃圾处理监管职责违法，并判令被告德惠市朝阳乡人民政府立即履行监管职责，对违法形成的垃圾场进行治理，恢复原有的生态环境。经审查本案中垃圾形成是被告德惠市朝阳乡区域的生活垃圾，且该垃圾堆放场位于德惠市朝阳乡区域松花江国堤内，属于松花江河道管理范围。被告德惠市朝阳乡人民政府只对该事项负有管理职责。其监管职责应由有关行政主管部门行使，故德惠市朝阳乡人民政府不是本案适格的被告。根据《最高人民法院关于适用〈中华人民共和国行政诉讼法〉若干问题的解释》① 第三条第一款第（三）项之规定，裁定如下：

驳回公益诉讼人德惠市人民检察院的起诉。

如不服本裁定，可在裁定书送达之日起十日内向法院递交上诉状，并按对方当事人的人数提交副本，上诉于吉林省长春市中级人民法院。

审　判　长　　冯跃敏

代理审判员　　郭大华

代理审判员　　杨晓慧

二〇一七年十二月二十五日

书　记　员　　吕禹霈

---

① 此处是指 2015 年施行的《最高人民法院关于适用〈中华人民共和国行政诉讼法〉若干问题的解释》，下同。——编者注

吉林省长春市中级人民法院
行政裁定书

（2018）吉 01 行终 49 号

上诉人（原审公益诉讼人）：德惠市人民检察院，住所地德惠市松柏路德大广场东侧

法定代表人：兰舰，检察长

委托代理人：于福录，该院民事行政检察部检察员

委托代理人：凌云，该院民事行政检察部检察员

被上诉人（原审被告）：德惠市朝阳乡人民政府，住所地德惠市朝阳乡

法定代表人：曲某某，德惠市朝阳乡人民政府镇长

委托代理人：杨某某，吉林吉大律师事务所律师

上诉人德惠市人民检察院因与被上诉人德惠市朝阳乡人民政府（以下简称朝阳乡政府）不履行环保监督管理职责一案，不服德惠市人民法院于 2017 年 12 月 25 日作出的（2017）吉 0183 行初 42 号行政裁定，向本院提起上诉。本院依法组成合议庭，审理了本案，现已审理终结。

原审法院认为，公益诉讼人要求确认朝阳乡政府不履行对垃圾处理监管职责违法，并判令朝阳乡政府立即履行监管职责，对

违法形成的垃圾场进行治理，恢复原有的生态环境。经审查本案中垃圾形成是德惠市朝阳乡区域的生活垃圾，且该垃圾堆放场位于德惠市朝阳乡区域松花江河堤内，属于松花江河道管理范围。朝阳乡政府只对该事项负有管理职责。其监管职责应由有关行政主管部门行使，故朝阳乡政府不是本案适格的被告，根据《最高人民法院关于适用〈中华人民共和国行政诉讼法〉若干问题的解释》第三条第一款第（三）项之规定，裁定驳回了公益诉讼人德惠市人民检察院的起诉。

上诉人德惠市人民检察院上诉称，依据《中华人民共和国固体废物污染环境防治法》第四十九条"农村生活垃圾污染环境防治的具体办法，由地方性法规规定"，《吉林省生态环境保护工作职责规定（试行）》第八条、《长春市生态环境保护工作职责规定（试行）》第九条"乡镇政府（街道办事处）应督促指导本辖区企事业单位和其他生活经营者落实环境保护措施，配置必要监管人员，落实监管网格的环境监管责任，加强隐患排查，发现环境违法问题及时向上级人民政府和有关部门报告。组织本辖区内各单位和居民开展农村环境综合整治，加强禽畜水产养殖等农业面源污染防治和秸秆禁烧，抓好生活垃圾分类处置、生活污水集中处理，加强农村饮用水源和耕地保护"，《德惠市生态环境保护工作责任规定（试行）》第九条关于乡镇人民政府（街道办事处）生态环境保护职责第（五）项"抓好生活垃圾分类处置、生活污水集中处理，加强农村饮用水源和耕地保护"及第（六）项"负责域内河道垃圾、畜禽尸体等对水体产生污染的物质实施清理和处理，对乡镇（街）出境断面水质负责"，以及《长春市市容环境卫生管理条例》第六条第三款"乡（镇）人民政府和街道办事处负责本辖区内的市容和环境卫生管理工作"等规定，乡镇人民政府是其辖区内生活垃圾污染环境的监管主体，负有监管职责。本案所涉及的垃圾场位于德惠市朝阳乡南岗村林场东北方位，距松花江约500米，该处垃圾分布两处堆放，均为沙土坑，经测绘垃圾堆放量为6051.5立方米，且附近林地存在大量零散倾倒的垃圾。该处垃圾属无序堆放，未作防渗漏、防扬散及无害化处理，周边生态环境、水体面临被污染的风险。上诉人于2017年4月18日向朝阳乡政府发出长德检行公建〔2017〕2号检察建议书，建议其依法履行监管职责，对违法存在的生活垃圾堆放场立即进行治理，恢复原有的生态环境。朝阳乡政府收到检察建议后，由乡党委书记、乡长带领相关工作人员赴该垃圾场实地查看，向德惠市人民政府汇报垃圾场情况，积极制定垃圾场整治方案，并开展对现存垃圾进行掩埋封闭、筹备购买垃圾清运车辆等工作，其上述积极履职行为应当予以肯定。原审裁定认定"本案垃圾系朝阳乡政府区域的生活垃圾。朝阳乡政府对该事项负有管理职责。"故虽该处垃圾系位于松花江河道管理范围内，但该处垃圾系主要由朝阳乡政府当地居民倾倒，依据《中华人民共和国固体废物污染环境防治法》《吉林省生态环境保护工作职责规定（试行）》《长春市生态环境保护工作职责规定（试行）》《德惠市生态环境保护工作责任规定（试行）》的规定，朝阳乡政府当然对生活垃圾的分类处置，防止生活垃圾对环境造成污染有明确的、不可否认的、不可推卸的职责。据此，原审裁定在认定朝阳乡政府有管理职责的情况下，混淆"管理"与"监管"的概念，因此认定其不是适格被告的认定于法无据。综上，请二审法院支持上诉人的诉请。

被上诉人朝阳乡政府未向本院递交书面答辩意见。

经审理查明，德惠市人民检察院在朝阳乡政府辖区内松花江河道管理范围内，发现有 6051.5 立方米垃圾堆放。垃圾为无序堆放，未作防渗漏、防扬散及无害化处理。德惠市人民检察院于 2017 年 4 月 18 日向朝阳乡政府发出长德检行公建〔2017〕2 号检察建议书，建议依法履行统筹和监管职责，对违法存在的垃圾堆放场立即进行治理。2017 年 5 月 12 日朝阳乡政府向德惠市检察院回复称朝阳乡党委及政府高度重视，制定了朝阳乡垃圾堆放场整治方案。德惠市人民检察院于 2017 年 6 月 5 日、2017 年 6 月 9 日、2017 年 6 月 17 日、2017 年 6 月 23 日四次复查现场后，认为垃圾堆放点有两辆铲车在推土掩埋，有少量垃圾仍处于裸露状态，朝阳乡政府未依法履行监管职责，对违法形成的垃圾处理场未进行彻底整治，公共利益仍处于持续损害之中。德惠市人民检察院于 2017 年 6 月 26 日向德惠市人民法院提起公益诉讼，要求确认朝阳乡政府不履行对垃圾处理的监管职责违法；判令朝阳乡政府立即履行监管职责，对违法形成垃圾场进行治理，恢复原有生态环境。德惠市人民法院于 2017 年 12 月 25 日作出（2017）吉 0183 行初 42 号行政裁定，裁定驳回了德惠市人民检察院的起诉。德惠市人民检察院不服，上诉至本院。

本院认为：一、关于对"监督管理职责"的理解问题。

行政机关是国家行政管理机关，既具有管理社会公共事务的权力，同时亦有保障行政相对人合法权益和维护公共利益的行政职责。应当履行行政职责而不履行的行政行为，应当根据不同情况分别受上级机关、司法机关以及社会舆论等的监督和规制。但是由于司法机关与上级机关的职能和作用并不完全相同，司法机关无权对所有的行政行为进行监督和规制，行政公益诉讼亦不例外。行政公益诉讼的提起，应受行政诉讼法受案范围的限制。通常意义上讲，行政机关对生态环境行政管理职责有两方面的含义：一是运用公共权力使用公共资金，组织相关部门对生态环境进行治理，如雾霾治理、垃圾处理和"小广告"清理等；二是运用公共权力对破坏生态环境的违法行为进行监督管理，如依法制止生产企业排放大气污染物的违法行为、依法制止擅自倾倒垃圾的违法行为以及依法制止张贴"小广告"的违法行为等。对于如何合理安排公共资金、如何分阶段建设垃圾处理设施、如何关停环境污染企业等对生态环境进行治理的行政管理职责，目前并不属于司法调整范畴；目前行政诉讼有权调整的行政行为应当限定在行政机关运用公共权力对破坏生态环境的违法行为进行监督管理的范围内。也就是说，雾霾、垃圾以及"小广告"等生态环境问题没有得到有效治理，以此要求确认行政机关未履行环境保护监督管理职责（治理职责）行为违法的，不属于环保行政公益诉讼受案范围。综上所述，《中华人民共和国行政诉讼法》第二十五条第四款"人民检察院在履行职责中发现生态环境和资源保护、食品药品安全、国有财产保护、国有土地使用权出让等领域负有监督管理职责的行政机关违法行使职权或者不作为，致使国家利益或者社会公共利益受到侵害的，应当向行政机关提出检察建议，督促其依法履行职责。行政机关不依法履行职责的，人民检察院依法向人民法院提起诉讼"中规定的"监督管理职责"应当不包括前述行政机关"运用公共权力使用公共资金，组织相关部门对生态环境进行治理"的管理职责，仅应指行政机关依据法律、法规或者规章的明确授权行使的监督管理职责。

二、关于确定对生态环境违法行为负有监督管理的责任主体问题。

要求行政机关履行运用公共权力对破坏生态环境的违法行为进行制止和处罚的监督管理职责以及要求确认行政机关不履行上

述职责违法，属于行政公益诉讼的受案范围。但是在提起该类诉讼时应正确界定监督管理的责任主体。

《中华人民共和国固体废物污染环境保护法》第四十九条规定："农村生活垃圾污染环境防治的具体办法，由地方性法规规定。"《吉林省环境保护条例》①第十二条规定："县级以上人民政府的环境保护行政主管部门，依法对本辖区的环境保护工作实施统一监督管理。"第十五条规定："城市街道办事处、乡镇人民政府按照有关规定，负责本辖区的环境保护工作。"根据以上规定，对环境保护方面的违法行为授权进行监督检查和处罚的主体限定为县级以上人民政府的环境保护行政主管部门，对乡镇政府仅是宏观地规定了负责辖区内环境保护工作，没有具体明确如何负责。《吉林省生态环境保护工作职责规定（试行）》中规定的乡镇政府"指导本辖区企事业单位和其他生产经营者落实环境保护措施，配置必要监管人员，落实监管网格的环境监管责任，加强隐患排查，发现环境违法问题及时向上级人民政府和有关部门报告。组织本辖区内各单位和居民开展农村环境综合整治，加强禽畜水产养殖等农业面源污染防治和秸秆禁烧，抓好生活垃圾分类处置、生活污水集中处理，加强农村饮用水源和耕地保护"的职责，虽在地方性法规的基础上明确了乡镇政府的管理职责，但该文件仍未明确乡政府具体应当如何履行的内容。同时，根据文件规定，乡镇政府是否按照文件落实，由上级政府按照文件规定进行奖励及问责，故上述文件规定的职责与《行政诉讼法》第二十五条规定的监督管理职责不同，该管理职责的落实情况应当由上级政府按照文件规定进行评价，不受行政诉讼

---

① 此处是指 2004 年修正的《吉林省环境保护条例》，下同。——编者注

法调整。

综上所述，朝阳乡政府是否履行清理垃圾的职责不受行政诉讼法调整；朝阳乡政府不是履行对破坏生态环境的违法行为进行制止和处罚的监督管理职责的责任主体。上诉人以朝阳乡政府不履行清理垃圾职责为由提起的诉讼不符合《中华人民共和国行政诉讼法》第四十九条第（四）项规定。原审法院裁定驳回上诉人的起诉并无不当。上诉人的上诉理由不成立，其上诉请求本院不予支持。依照《中华人民共和国行政诉讼法》第八十六条、第八十九条第一款第（一）项之规定，裁定如下：

驳回上诉，维持原裁定。

本裁定为终审裁定。

审 判 长 杨 光

代理审判员 姜 楠

代理审判员 高婧明

二〇一八年四月二十日

书 记 员 魏 波

吉林省人民检察院
行政公益诉讼抗诉书

吉检行公监〔2018〕1号

　　德惠市人民检察院（以下简称德惠市检察院）诉德惠市朝阳乡人民政府（以下简称朝阳乡政府）不依法履行职责行政公益诉讼一案，长春市中级人民法院作出了（2018）吉01行终49号行政裁定，长春市人民检察院提请本院抗诉。本案现已审查终结。

　　德惠市检察院在开展"服务幸福德惠，保障民生民利"行政检察监督专项活动中发现，德惠市朝阳乡辖区内南岗村林场东北方位存在一处垃圾堆放场，距松花江约500米，该垃圾场共有两处堆放点，均为沙土坑，经测绘垃圾堆放量为6051.5立方米，附近林地及路边还存在大量零散倾倒的垃圾。此处垃圾系就地无序堆放，未做防渗漏、防扬散及无害化处理，污染周边生态环境。德惠市检察院于2017年4月18日向朝阳乡政府发出检察建议书，建议依法履行统筹和监管职责，对违法存在的垃圾堆放场立即进行治理，恢复原有的生态环境。2017年5月12日，朝阳乡政府回复称，朝阳乡党委、乡政府高度重视，制定了朝阳乡垃圾堆放场整治方案。但经德惠市检察院后期多次勘查现场，发现朝阳乡政府未实际依法履行监管职责，对违法形成的垃圾堆放场未进行彻底整治，公共利益仍处于持续损害之中，遂向德惠市人民法院提起行政公益诉讼。诉讼请求为：1. 确认被告德惠市朝阳乡人民政府不履行对垃圾处理的监管职责违法；2. 判令被告德惠市朝阳乡人民政府立即履行监管职责，对违法形成的垃圾场进行治理，恢复原有的生态环境。

德惠市人民法院审理认为：本案中垃圾形成是德惠市朝阳乡区域的生活垃圾。该垃圾堆放场位于德惠市朝阳乡区域松花江河堤内，属于松花江河道管理范围，朝阳乡政府只对该事项负有管理职责，其监管职责应由有关行政主管部门行使，故朝阳乡政府不是本案适格的被告。根据《最高人民法院关于适用〈中华人民共和国行政诉讼法〉若干问题的解释》第三条第一款第（三）项的规定，于 2017 年 12 月 25 日作出（2017）吉 0183 行初 42 号行政裁定，驳回公益诉讼人德惠市人民检察院的起诉。

德惠市检察院不服该裁定，向长春市中级人民法院提出上诉。上诉理由：依据《中华人民共和国固体废物污染环境防治法》第四十九条、《吉林省生态环境保护工作职责规定（试行）》第八条、《长春市生态环境保护工作职责规定（试行）》第九条、《德惠市生态环境保护工作责任规定（试行）》第九条以及《长春市市容环境卫生管理条例》第六条第三款等规定，乡镇人民政府是其辖区内生活垃圾污染环境的监管主体，负有监管职责。法院认定本案的垃圾系朝阳乡区域的生活垃圾，并认定朝阳乡政府对垃圾场负有管理职责。故虽该处垃圾堆放场位于松花江河道管理范围内，但该处垃圾主要由朝阳乡政府当地居民倾倒，依据上述规定，朝阳乡政府当然对生活垃圾的分类处置、防止生活垃圾对环境造成污染负有明确的、不可否认的、不可推卸的职责。

据此，原审裁定在认定朝阳乡政府负有管理职责的情况下，混淆"管理"与"监管"的概念，认定"朝阳乡政府不是适格被告"于法无据。故向长春市中级人民法院提出上诉。

长春市中级人民法院于 2018 年 4 月 20 日作出（2018）吉01 行终 49 号行政裁定。该院二审查明，德惠市检察院在朝阳乡政府辖区松花江河道管理范围内，发现有 6051.5 立方米垃圾堆放。垃圾为无序堆放，未作防渗漏、防扬散及无害化处理。德惠市检察院于 2017 年 4 月 18 日向朝阳乡政府发出长德检行公建〔2017〕2 号检察建议书，建议依法履行统筹和监管职责，对违法存在的垃圾堆放场立即进行治理。2017 年 5 月 12 日朝阳乡政府向德惠市检察院回复称朝阳乡党委及政府高度重视，制定了朝阳乡垃圾堆放场整治方案。德惠市检察院于 2017 年 6 月 5 日、2017 年 6 月 9 日、2017 年 6 月 17 日、2017 年 6 月 23 日四次复查现场后，认为垃圾堆放点有两辆铲车在推土掩埋，有少量垃圾仍处于裸露状态，朝阳乡政府未依法履行监管职责，对违法形成的垃圾处理场未进行彻底整治，公共利益仍处于持续损害之中。德惠市检察院于 2017 年 6 月 26 日向德惠市人民法院提起公益诉讼，要求确认朝阳乡政府不履行对垃圾处理的监管职责违法；判令朝阳乡政府立即履行监管职责，对违法形成垃圾场进行治理，恢复原有生态环境。德惠市人民法院于 2017 年 12 月 25 日作出（2017）吉 0183 行初 42 号行政裁定，裁定驳回了德惠市人民检察院的起诉。

二审法院认为：（一）关于对"监督管理职责"的理解问题。行政机关是国家行政管理机关，既具有管理社会公共事务的权力，同时亦有保障行政相对人合法权益和维护公共利益的行政职责。应当履行行政职责而不履行的行政行为，应当根据不同情况分别受上级机关、司法机关以及社会舆论等的监督和规制。但是由于司法机关与上级机关的职能和作用并不完全相同，司法机关无权对所有的行政行为进行监督和规制，行政公益诉讼亦不例外。行政公益诉讼的提起，应受行政诉讼法受案范围的限制。通常意义上讲，行政机关对生态环境行政管理职责有两方面的含义：一是运用公共权力使用公共资金，组织相关部门对生态环境进行治理，如雾霾治理、垃圾处理和"小广告"清理等；二是运用公共权力对破坏生态环境的违法行为进行监督管理，如依法制止生产企业排放大气污染物的违法行为、依法制止擅自倾倒垃圾的违法行为以及依法制止张贴"小广告"的违法行为等。对于如何合理安排公共资金、如何分阶段建设垃圾处理设施、如何关停环境污染企业等对生态环境进行治理的行政管理职责，目前并不属于司法调整范畴；目前行政诉讼有权调整的行政行为应当限定在行政机关运用公共权力对破坏生态环境的违法行为进行监督管理的范围内。也就是说，雾霾、垃圾以及"小广告"等生态环境问题没有得到有效治理，以此要求确认行政机关未履行环境保护监督管理职责（治理职责）行为违法的，不属于环保行政公益诉讼受案范围。综上所述，《中华人民共和国行政诉讼法》（以下简称《行政诉讼法》）第二十五条第四款"人民检察院在履行职责中发现生态环境和资源保护、食品药品安全、国有财产保护、国有土地使用权出让等领域负有监督管理职责的行政机关违法行使职权或者不作为，致使国家利益或者社会公共利益受到侵害的，应当向行政机关提出检察建议，督促其依法履行职责。行政机关不依法履行职责的，人民检察院依法向人民法院提起诉讼"中规定的"监督管理职责"应当不包括前述行政机关"运用公共权力使用公共资金，组织相关部门对生态环境进行治理"

的管理职责，仅应指行政机关依据法律、法规或者规章的明确授权行使的监督管理职责。（二）关于确定对生态环境违法行为负有监督管理的责任主体问题。要求行政机关履行运用公共权力对破坏生态环境的违法行为进行制止和处罚的监督管理职责以及要求确认行政机关不履行上述职责违法，属于行政公益诉讼的受案范围。但是在提起该类诉讼时应正确界定监督管理的责任主体。《中华人民共和国固体废物污染环境保护法》第四十九条规定："农村生活垃圾污染环境防治的具体办法，由地方性法规规定。"《吉林省环境保护条例》第十二条规定："县级以上人民政府的环境保护行政主管部门，依法对本辖区的环境保护工作实施统一监督管理。"第十五条规定："城市街道办事处，乡镇人民政府按照有关规定，负责本辖区的环境保护工作。"根据以上规定，对环境保护方面的违法行为授权进行监督检查和处罚的主体限定为县级以上人民政府的环境保护行政主管部门，对乡镇政府仅是宏观地规定了负责辖区内环境保护工作，没有具体明确如何负责。《吉林省生态环境保护工作职责规定（试行）》中规定的乡镇政府"指导本辖区企事业单位和其他生产经营者落实环境保护措施，配置必要监管人员，落实监管网格的环境监管责任，加强隐患排查，发现环境违法问题及时向上级人民政府和有关部门报告。组织本辖区内各单位和居民开展农村环境综合整治，加强禽畜水产养殖等农业面源污染防治和秸秆禁烧，抓好生活垃圾分类处置、生活污水集中处理，加强农村饮用水源和耕地保护"的职责，虽在地方性法规的基础上明确了乡镇政府的管理职责，但该文件仍未明确乡政府具体应当如何履行的内容。同时，根据文件规定，乡镇政府是否按照文件落实，由上级政府按照文件规定进行奖励及问责，故上述文件规定的职责与《行政诉讼法》

第二十五条规定的监督管理职责不同，该管理职责的落实情况应当由上级政府按照文件规定进行评价，不受行政诉讼法调整。综上所述，朝阳乡政府是否履行清理垃圾的职责不受行政诉讼法调整；朝阳乡政府不是履行对破坏生态环境的违法行为进行制止和处罚的监督管理职责的责任主体。上诉人以朝阳乡政府不履行清理垃圾职责为由提起的诉讼不符合《中华人民共和国行政诉讼法》第四十九条第（四）项规定。原审法院裁定驳回上诉人的起诉并无不当。上诉人的上诉理由不成立，其上诉请求本院不予支持。依照《中华人民共和国行政诉讼法》第八十六条、第八十九条第一款第（一）项之规定，裁定如下：驳回上诉，维持原裁定。

长春市人民检察院发现本案适用法律错误，提请本院抗诉。

本院审查认定的事实与长春市中级人民法院认定的事实一致。

本院认为，长春市中级人民法院作出的（2018）吉01行终49号行政裁定，适用法律错误，裁定驳回上诉，维持原裁定的结论错误。理由如下：

一、生效裁定认为"行政机关对生态环境行政管理职责有两方面的含义：一是运用公共权力使用公共资金，组织相关部门对生态环境进行治理；二是运用公共权力对破坏生态环境的违法行为进行监督管理""目前行政诉讼有权调整的行政行为应当限定在行政机关运用公共权力对破坏生态环境的违法行为进行监督管理的范围内"进而得出"朝阳乡政府是否履行清理垃圾的职责不受行政诉讼法调整"的观点错误，适用《中华人民共和国行政诉讼法》第四十九条第（四）项认定本案"不属于法院受案范围"属于适用法律错误。

首先，依照《行政诉讼法》第二十五条第四款"人民检察院在履行职责中发现生态环境和资源保护、食品药品安全、国有财产保护、国有土地使用权出让等领域负有监督管理职责的行政机关违法行使职权或者不作为，致使国家利益或者社会公共利益受到侵害的，应当向行政机关提出检察建议，督促其依法履行职责。行政机关不依法履行职责的，人民检察院依法向人民法院提起诉讼"和《最高人民法院、最高人民检察院关于检察公益诉讼案件适用法律若干问题的解释》[①] 第二十二条"人民检察院提起行政公益诉讼应当提交下列材料：（一）行政公益诉讼起诉书，并按照被告人数提出副本；（二）被告违法行使职权或者不作为，致使国家利益或者社会公共利益受到侵害的证明材料；（三）检察机关已经履行诉前程序，行政机关仍不依法履行职责或者纠正违法行为的证明材料"之规定，只要负有监督管理职责的行政机关违法行使职权或者不作为，致使国家利益或者社会公共利益受到侵害，经诉前程序仍不依法履职或者纠正违法行为的，检察机关就有权提起公益诉讼。根据职权法定原则，有法律法规明文规定职权的行政机关在其职权范围内对相应事项即负有"监督管理职责"，上述法律规定中的"监督管理职责"未做任何限定和划分，而二审法院将行政机关的法定监管职责区分为治理职责和对违法行为的监管职责，并认为"目前行政诉讼有权调整的行政行为应当限定在行政机关运用公共权力对破坏生态环境的违法行为进行监督管理的范围内"的观点，是对"监督管理职责"进行限缩解释，缩小了公益诉讼受案范围，明显与立

---

① 此处是指 2018 年施行的《最高人民法院、最高人民检察院关于检察公益诉讼案件适用法律若干问题的解释》，下同。——编者注

法不符。可见，法院未按照法律规定的条件受理行政公益诉讼案件，属于适用法律错误。

其次，将行政机关的职责区分为治理职责和对违法行为的监管职责的观点没有法律依据，学理上的探讨不能成为排除法院受理案件的理由。《行政诉讼法》第十三条及《最高人民法院关于适用〈中华人民共和国行政诉讼法〉的解释》第一条第二款对不属于法院受案范围的事项进行了详细规定，而本案不属于上述法条规定的情形，二审法院仅依据此理论认为本案不属于法院受案范围，属于适用法律错误。

最后，"朝阳乡政府是否履行清理垃圾的职责不受行政诉讼法调整"的观点与现有司法判例和司法机关形成的共识相悖。

贵州省六盘水市六枝特区人民检察院诉贵州省镇宁布依族苗族自治县丁旗镇人民政府环境行政公益诉讼案，是最高人民法院2017年3月7日公布的十起环境公益诉讼典型案例之一，在该案中法院认定"丁旗镇政府选址堆放该镇生活垃圾的行为，是其实施社会管理和公共服务职能的行为，但其选址未经环境卫生行政主管部门指定，垃圾堆放场亦未采取防扬散、防渗漏、防流失、防雨等防治措施，造成较严重的环境污染。"最后判决确认丁旗镇政府选址垃圾堆放场的行政行为违法，并限其依照专家意见及建议继续采取补救措施，确保该区域生态环境明显改善。

在甘肃省武山县人民检察院诉武山县滩歌镇人民政府不履行法定职责案中，因乡镇政府对垃圾点设置不合理、清理不及时，导致垃圾乱堆乱倒，河道垃圾较多堵塞桥下涵洞等影响生态环境、辖区环境卫生，法院判决确认被告武山县滩歌镇人民政府不全面履行辖区内环境卫生管理职责的行为违法；责令被告武山县滩歌镇人民政府全面履行辖区内环境卫生管理职责，在判决生效后两个月内整治辖区内环境卫生并清除野峪沟垃圾。

在湖北省天门市人民检察院诉天门市拖市镇人民政府不履行法定职责案中，法院认定"只有县级以上人民政府及其环境保护主管部门是负有环境保护职责的行政机关，而被告（天门市拖市镇人民政府）无环境保护的职责的辩称意见因其理解法律不全而不能成立。"

此外，还有安徽省临泉县人民检察院诉临泉县庙岔镇人民政府不履行法定职责案、贵州省普安县人民检察院诉普安县龙吟镇人民政府不履行法定职责案、吉林省白石山林区人民检察院诉蛟河市黄松甸镇人民政府不履行法定职责案、吉林省通化县人民检察院诉通化县石湖镇人民政府不履行法定职责案，等等。

从上述判例中可见，乡镇政府对辖区的环境卫生负有监督管理职责。具体到处置垃圾方面，无论是垃圾场选址还是垃圾的收集、采取防护措施、运输等，乡镇人民政府均有监督管理职责，未依法履职造成社会公益受损的案件均属于环境行政公益诉讼案件范围。这是全国司法机关形成的共识。

二、根据现行的法律、法规及规范性文件，乡镇人民政府对于辖区内生活垃圾处理有明确的、具体的监督管理职责。

从《中华人民共和国地方各级人民代表大会和地方各级人民政府组织法》①第六十一条"乡、民族乡、镇的人民政府行使下列职权：……（二）执行本行政区域内的经济和社会发展计划、预算，管理本行政区域内的经济、教育、科学、文化、卫生、体育事业和财政、民政、公安、司法行政、计划生育等行政

---

① 此处是指 2015 年修正的《地方各级人民代表大会和地方各级人民政府组织法》，下同。——编者注

工作"的规定看，朝阳乡政府对辖区内的卫生工作具有明确职权，负有管理职责。

从《中华人民共和国环境保护法》第六条第二款"地方各级人民政府应当对本行政区域的环境质量负责"，第三十三条第二款"县级、乡级人民政府应当提高农村环境保护公共服务水平，推动农村环境综合整治"，第三十七条"地方各级人民政府应当采取措施，组织对生活废弃物的分类处置、回收利用"，第五十一条"各级人民政府应当统筹城乡建设污水处理设施及配套管网，固体废物的收集、运输和处置等环境卫生设施，危险废物集中处置设施、场所以及其他环境保护公共设施，并保障其正常运行"的规定看，乡级人民政府对辖区环境质量负责，应当推动农村环境综合整治，采取有效措施，做好对生活废弃物的分类处置、回收利用的工作。

从《中华人民共和国固体废物污染环境防治法》第三章"固体废物污染环境的防治"第三节"生活垃圾污染环境的防治"第三十九条"县级以上地方人民政府环境卫生行政主管部门应当组织对城市生活垃圾进行清扫、收集、运输和处置，可以通过招标等方式选择具备条件的单位从事生活垃圾的清扫、收集、运输和处置"以及第四十九条"农村生活垃圾污染环境防治的具体办法，由地方性法规规定"的规定看，城市生活垃圾的监管部门是"县级以上地方人民政府环境卫生行政主管部门"，而农村生活垃圾的监管部门由地方性法规进行设定。再从《吉林省城市市容和环境卫生管理条例》第三条第二款"县级以上地方人民政府其他有关部门以及建制镇人民政府、街道办事处，应当在各自的职责范围内依法做好与城市市容和环境卫生管理有关的工作"和《吉林省环境保护条例》第十五条"城市街道办事处，乡镇人民政府按照有关规定，负责本辖区的环境保护工作”的规定看，乡镇人民政府对本辖区的环境卫生工作负责，是农村生活垃圾的监管部门。

从《吉林省生态环境保护工作职责规定（试行）》第八条、《长春市生态环境保护工作职责规定（试行）》第九条“乡镇人民政府（街道办事处）应督促指导本辖区企事业单位和其他生产经营者落实环境保护措施，配置必要监管人员，落实环境网络的监管人员，落实监管网格的环境监管责任，加强隐患排查，发现环境违法问题及时向上级人民政府和有关部门报告。组织本辖区内各单位和居民开展农村环境综合整治，加强禽畜水产养殖等农业面源污染防治和秸秆禁烧，抓好生活垃圾分类处置、生活污水集中处理，加强农村饮用水源和耕地保护”，《德惠市生态环境保护工作责任规定（试行）》第九条“关于乡镇人民政府（街道办事处）生态环境保护职责”第（五）项“抓好生活垃圾分类处置、生活污水集中处理，加强农村饮用水源和耕地保护”及第（六）项“负责域内河道垃圾、畜禽尸体等对水体产生污染的物质实施清理和处理，对乡镇（街）出境断面水质负责”，《长春市市容和环境卫生管理条例》第六条第三款“乡（镇）人民政府和街道办事处负责本辖区内的市容和环境卫生管理工作”的规定看，乡镇人民政府负责辖区生态环境保护工作职责清晰，内容明确。

另外，从国务院《村庄和集镇规划建设管理条例》第六条第三款“乡级人民政府负责本行政区域的村庄、集镇规划建设管理工作”，第三十九条“有下列行为之一的，由乡级人民政府责令停止侵害，可以处以罚款；造成损失的，并应当赔偿：（一）损坏村庄和集镇的房屋、公共设施的；（二）乱堆粪便、垃圾、柴草，破坏村容镇貌和环境卫生的"的规定看，乡级人民政府对于乱堆垃圾行为有制止和罚款权力。

可见，无论是法律、行政法规、地方性法规以及从省级到县级关于生态环境保护工作职责的文件，都明确规定了乡镇人民政府对于辖区环境卫生的监督管理职责，这种监督管理职责包含的不仅是法律层面的对辖区环境保护的宏观规定，还有地方性法规和地方性文件细化后的具体职权，更有行政法规规定的对行政相对人具有责令停止侵害、处以罚款的权力，所以朝阳乡人民政府作为一级政府，对其乡镇辖区存在的生活垃圾处理负有监督管理职责。二审法院未适用上述法律规定，而适用《吉林省环境保护条例》第十二条认定"朝阳乡政府不是履行对破坏生态环境的违法行为进行制止和处罚的监督管理职责的责任主体"存在适用法律错误。

综上所述，二审法院对行政公益诉讼的受案范围及行政机关的"监督管理职责"理解不当，适用法律错误。根据《中华人民共和国行政诉讼法》第九十一条第（四）项、第九十三条第一款之规定，特提出抗诉，请依法再审。

此致
吉林省高级人民法院

2018 年 6 月 25 日

吉林省高级人民法院
行政裁定书

（2018）吉行再 21 号

抗诉机关：吉林省人民检察院

再审申请人（一审公益诉讼起诉人、二审上诉人）：德惠市人民检察院，住所地吉林省德惠市松柏路德大广场东侧

法定代表人：许永光，检察长

委托代理人：于福录，德惠市人民检察院检察官

被申请人（一审被告、二审被上诉人）：德惠市朝阳乡人民政府，住所地吉林省德惠市朝阳乡

法定代表人：孙某某，乡长

委托代理人：杨某某，吉林吉大律师事务所律师

再审申请人德惠市人民检察院因与被申请人德惠市朝阳乡人民政府不履行环保监督管理职责公益诉讼一案，不服吉林省长春市中级人民法院（2018）吉 01 行终 49 号行政裁定，向检察机关申请监督。吉林省人民检察院根据《中华人民共和国行政诉讼法》第九十一条第（四）项、第九十三条第一款的规定，作出吉检行公监〔2018〕1 号行政公益诉讼抗诉书向本院提出抗诉。本院依照《最高人民法院关于适用〈中华人民共和国行政

诉讼法〉的解释》第一百二十四条第一款之规定，作出（2018）吉行抗4号行政裁定，裁定本案由本院提审。2019年5月29日本院组织当事人进行听证，本案现已经审理完毕。

二审查明，德惠市人民检察院在朝阳乡政府辖区内松花江河道管理范围内，发现有6051.5立方米垃圾堆放。垃圾为无序堆放，未作防渗漏、防扬散及无害化处理。德惠市人民检察院于2017年4月18日向朝阳乡政府发出长德检行公建〔2017〕2号检察建议书，建议依法履行统筹和监管职责，对违法存在的垃圾堆放场立即进行治理。2017年5月12日朝阳乡政府向德惠市检察院回复称朝阳乡党委及政府高度重视，制定了朝阳乡垃圾堆放场整治方案。德惠市人民检察院于2017年6月5日、2017年6月9日、2017年6月17日、2017年6月23日四次复查现场后，认为垃圾堆放点有两辆铲车在推土掩埋，有少量垃圾仍处于裸露状态，朝阳乡政府未依法履行监管职责，对违法形成的垃圾处理场未进行彻底整治，公共利益仍处于持续损害之中。德惠市人民检察院于2017年6月26日向德惠市人民法院提起公益诉讼，要求确认朝阳乡政府不履行对垃圾处理的监管职责违法；判令朝阳乡政府立即履行监管职责，对违法形成垃圾场进行治理，恢复原有生态环境。德惠市人民法院于2017年12月25日作出（2017）吉0183行初42号行政裁定，裁定驳回了德惠市人民检察院的起诉。

德惠市人民法院作出（2017）吉0183行初42号行政裁定认为，公益诉讼人要求确认朝阳乡政府不履行对垃圾处理监管职责违法，并判令朝阳乡政府立即履行监管职责，对违法形成的垃圾场进行治理，恢复原有的生态环境。经审查本案中垃圾形成是德惠市朝阳乡区域的生活垃圾。且该垃圾堆放场位于德惠市朝阳乡区域松花江河堤内，属于松花江河道管理范围。朝阳乡政府只对该事项负有管理职责。其监管职责应由有关行政主管部门行使，故朝阳乡政府不是本案适格的被告，根据《最高人民法院关于适用〈中华人民共和国行政诉讼法〉若干问题的解释》第三条第一款第（三）项之规定，裁定驳回了公益诉讼人德惠市人民检察院的起诉。

德惠市人民检察院上诉称，依据《中华人民共和国固体废物污染环境防治法》第四十九条"农村生活垃圾污染环境防治的具体办法，由地方性法规规定"，《吉林省生态环境保护工作职责规定（试行）》第八条、《长春市生态环境保护工作职责规定（试行）》第九条"乡镇政府（街道办事处）应督促指导本辖区企事业单位和其他生活经营者落实环境保护措施，配置必要监管人员，落实监管网格的环境监管责任，加强隐患排查，发现环境违法问题及时向上级人民政府和有关部门报告。组织本辖区内各单位和居民开展农村环境综合整治，加强禽畜水产养殖等农业面源污染防治和秸秆禁烧，抓好生活垃圾分类处置、生活污水集中处理，加强农村饮用水源和耕地保护"，《德惠市生态环境保护工作责任规定（试行）》第九条关于乡镇人民政府（街道办事处）生态环境保护职责第（五）项"抓好生活垃圾分类处置、生活污水集中处理，加强农村饮用水源和耕地保护"及第（六）项"负责域内河道垃圾、畜禽尸体等对水体产生污染的物质实施清理和处理，对乡镇（街）出境断面水质负责"，以及《长春市市容环境卫生管理条例》第六条第三款"乡（镇）人民政府和街道办事处负责本辖区内的市容和环境卫生管理工作"等规定，乡镇人民政府是其辖区内生活垃圾污染环境的监管主体，负有监管职责。本案所涉及的垃圾场位于德惠市朝阳乡南岗村林场东北方位，距松花江约 500 米，该处垃圾分布两处堆放，均为沙土坑，经测绘垃圾堆放量为 6051.5 立方米，且附近林地存在大量零散倾倒的垃圾。该处垃圾属无序堆放，未作防渗漏、防扬散及无害化处理，周边生态环境、水体面临被污染的风险。上诉人于 2017 年 4 月 18 日向朝阳乡政府发出长德检行公建〔2017〕2 号检察建议书，建议其依法履行监管职责，对违法存在的生活垃圾堆放场立即进行治理，恢复原有的生态环境。朝阳乡政府收到检察建议后，由乡党委书记、乡长带领相关工作人员赴该垃圾场实地查看，向德惠市人民政府汇报垃圾场情况，积极制定垃圾场整治方案，并开展对现存垃圾进行掩埋封闭、筹备购买垃圾清运车辆等工作，其上述积极履职行为应当予以肯定。原审裁定认定"本案垃圾系朝阳乡政府区域的生活垃圾。朝阳乡政府对该事项负有管理职责。"故虽该处垃圾系位于松花江河道管理范围内，但该处垃圾系主要由朝阳乡政府当地居民倾倒，依据《中华人民共和国固体废物污染环境防治法》《吉林省生态环境保护工作职责规定（试行）》《长春市生态环境保护工作职责规定（试行）》《德惠市生态环境保护工作责任规定（试行）》的规定，朝阳乡政府当然对生活垃圾的分类处置，防止生活垃圾对环境造成污染有明确的、不可否认的、不可推卸的职责。据此，原审裁定在认定朝阳乡政府有管理职责的情况下，混淆"管理"与"监管"的概念，因此认定其不是适格被告的认定于法无据。综上，请二审法院支持上诉人的诉请。

二审认为：一、关于对"监督管理职责"的理解问题。

行政机关是国家行政管理机关，既具有管理社会公共事务的权力，同时亦有保障行政相对人合法权益和维护公共利益的行政职责。应当履行行政职责而不履行的行政行为，应当根据不同情况分别受上级机关、司法机关以及社会舆论等的监督和规制。但是由于司法机关与上级机关的职能和作用并不完全相同，司法机关无权对所有的行政行为进行监督和规制，行政公益诉讼亦不例外。行政公益诉讼的提起，应受行政诉讼法受案范围的限制。通常意义上讲，行政机关对生态环境行政管理职责有两方面的含义：一是运用公共权力使用公共资金，组织相关部门对生态环境进行治理，如雾霾治理、垃圾处理和"小广告"清理等；二是运用公共权力对破坏生态环境的违法行为进行监督管理，如依法制止生产企业排放大气污染物的违法行为、依法制止擅自倾倒垃圾的违法行为以及依法制止张贴"小广告"的违法行为等。对于如何合理安排公共资金、如何分阶段建设垃圾处理设施、如何关停环境污染企业等对生态环境进行治理的行政管理职责，目前并不属于司法调整范畴；目前行政诉讼有权调整的行政行为应当限定在行政机关运用公共权力对破坏生态环境的违法行为进行监督管理的范围内。也就是说，雾霾、垃圾以及"小广告"等生态环境问题没有得到有效治理，以此要求确认行政机关未履行环境保护监督管理职责（治理职责）行为违法的，不属于环保行政公益诉讼受案范围。综上所述，《中华人民共和国行政诉讼法》第二十五条第四款"人民检察院在履行职责中发现生态环境和资源保护、食品药品安全、国有财产保护、国有土地使用权出让等领域负有监督管理职责的行政机关违法行使职权或者不作为，致使国家利益或者社会公共利益受到侵害的，应当向行政机关提出检察建议，督促其依法履行职责。行政机关不依法履行职责的，人民检察院依法向人民法院提起诉讼"中规定的"监督管理职责"应当不包括前述行政机关"运用公共权力使用公共资金，组织相关部门对生态环境进行治理"的管理职责，仅应指行政机关依据法律、法规或者规章的明确授权行使的监督管理职责。

二、关于确定对生态环境违法行为负有监督管理的责任主体问题。

要求行政机关履行运用公共权力对破坏生态环境的违法行为进行制止和处罚的监督管理职责以及要求确认行政机关不履行上述职责违法，属于行政公益诉讼的受案范围。但是在提起该类诉讼时应正确界定监督管理的责任主体。

《中华人民共和国固体废物污染环境保护法》第四十九条规定："农村生活垃圾污染环境防治的具体办法，由地方性法规规定。"《吉林省环境保护条例》第十二条规定："县级以上人民政府的环境保护行政主管部门，依法对本辖区的环境保护工作实施统一监督管理。"第十五条规定："城市街道办事处、乡镇人民政府按照有关规定，负责本辖区的环境保护工作。"根据以上规定，对环境保护方面的违法行为授权进行监督检查和处罚的主体限定为县级以上人民政府的环境保护行政主管部门，对乡镇政府仅是宏观地规定了负责辖区内环境保护工作，没有具体明确如何负责。《吉林省生态环境保护工作职责规定（试行）》中规定的乡镇政府"指导本辖区企事业单位和其他生产经营者落实环境保护措施，配置必要监管人员，落实监管网格的环境监管责任，加强隐患排查，发现环境违法问题及时向上级人民政府和有关部门报告。组织本辖区内各单位和居民开展农村环境综合整治，加强禽畜水产养殖等农业面源污染防治和秸秆禁烧，抓好生活垃圾分类处置、生活污水集中处理，加强农村饮用水源和耕地保护"的职责，虽在地方性法规的基础上明确了乡镇政府的管理职责，但该文件仍未明确乡政府具体如何应当履行的内容。同时，根据文件规定，乡镇政府是否按照文件落实，由上级政府按照文件规定进行奖励及问责，故上述文件规定的职责与《行政诉讼法》第二十五条规定的监督管理职责不同，该管理职责的落实情况应当由上级政府按照文件规定进行评价，不受行政诉讼法调整。

综上所述，朝阳乡政府是否履行清理垃圾的职责不受行政诉讼法调整；朝阳乡政府不是履行对破坏生态环境的违法行为进行制止和处罚的监督管理职责的责任主体。上诉人以朝阳乡政府不履行清理垃圾职责为由提起的诉讼不符合《中华人民共和国行政诉讼法》第四十九条第（四）项规定。原审法院裁定驳回上诉人的起诉并无不当。裁定驳回上诉，维持原裁定。

吉林省人民检察院抗诉称：一、长春市中级人民法院作出的（2018）吉01行终49号行政裁定，适用法律错误，裁定驳回上诉，维持一审裁定的结论错误。1.依照《行政诉讼法》第二十五条第四款、《最高人民法院、最高人民检察院关于检察公益诉讼案件适用法律若干问题的解释》第二十二条之规定，只要负有监督管理职责的行政机关违法行使职权或者不作为，致使国家利益或者社会公共利益受到侵害，经诉前程序仍不依法履职或者纠正违法行为的，检察机关就有权提起公益诉讼。根据职权法定原则，有法律法规明文规定职权的行政机关在其职权范围内对相应事项即负有"监督管理职责"，上述法律规定中的"监督管理职责"未做任何限定和划分，而二审法院将行政机关的法定监督职责区分为治理职责和对违法行为的监管职责，并认为"目前行政诉讼有权调整的行政行为应当限定在行政机关运用公共权力对破坏生态环境的违法行为进行监督管理的范围内"的观点，是对"监督管理职责"进行限缩解释，缩小了公益诉讼受案范围，明显与立法不符。可见，法院未按照法律规定的条件受理行政公益诉讼案件，属于适用法律错误。2. 将行政机关的职责区分为治理职责和对违法行为的监管职责的观点没有法律依据，学理上的探讨不能成为排除法院受理案件的理由。《行政诉讼法》第十三条及《最高人民法院关于适用〈中华人民共和国行政诉讼法〉的解释》第一条第二款对不属于法院受案范围的事项进行详细规定，而本案不属于上述法条规定的情形，二审法院仅依据此理论认为本案不属于法院受案范围，属于适用法律错误。3. "朝阳乡政府是否履行清理垃圾的职责不受行政诉讼法调整"的观点与现有司法判例和司法机关形成的共识相悖。从贵州省六盘水市六枝特区人民检察院诉贵州省镇宁布依族苗族自治县丁旗镇政府环境行政公益诉讼案以及省内其他地区类似情况的公益诉讼等判例可见，乡镇政府对辖区的环境卫生负有监督管理职责。具体到处置垃圾方面，无论是垃圾场选址还是垃圾的收集、采取防护措施、运输等，乡镇人民政府均有监督管理职责，未依法履职造成社会公益受损的案件均属于环境行政公益诉讼案件范围。这是全国司法机关形成的共识。二、根据现行的法律、法规及规范性文件，乡镇人民政府对于辖区内生活垃圾处理有明确的、具体的监督管理职责。从《中华人民共和国地方各级人民代表大会和地方各级人民政府组织法》第六十一条"乡、民族乡、镇的人民政府行使下列职权：……（二）执行本行政区域内的经济和社会发展计划、预算，管理本行政区域内的经济、教育、科学、文化、卫生、体育事业和财政、民政、公安、司法行政、计划生育等行政工作"的规定看，朝阳乡政府对辖区的卫生工作具有明确职权，负有管理职责。

从《中华人民共和国环境保护法》第六条第二款"地方各级人民政府应当对本行政区域内的环境质量负责"，第三十三条第二款"县级、乡级人民政府应当提高农村环境保护公共服务水平，推动农村环境综合整治"，第三十七条"地方各级人民政府应当采取措施，组织对生活废弃物的分类处置、回收利用"，第五十一条"各级人民政府应当统筹城乡建设污水处理设施及配套管网，固体废物的收集、运输和处置等环境卫生设施，危险废物集中处置设施、场所以及其他环境保护公共设施，并保障其正常运行"的规定看，乡级人民政府对辖区环境质量负责，应当推动农村环境综合整治，采取有效措施，做好对生活废弃物的分类处置、回收利用的工作。从《中华人民共和国固体废物污染环境防治法》第三章"固体废物污染环境的防治"第三节"生活垃圾污染环境的防治"第三十九条"县级以上地方人民政府环境卫生行政主管部门应当组织对城市生活垃圾进行清扫、收集、运输和处置，可以通过招标等方式选择具备条件的单位从事生活垃圾的清扫、收集、运输和处置"以及第四十九条"农村生活垃圾污染环境防治的具体办法，由地方性法规规定"的规定看，城市生活垃圾的监管部门是"县级以上地方人民政府环境卫生行政主管部门"，而农村生活垃圾的监管部门由地方性法规进行设定。再从《吉林省城市市容和环境卫生管理条例》第三条第二款"县级以上地方人民政府其他有关部门以及建制镇人民政府、街道办事处，应当在各自的职责范围内依法做好与城市市容和环境卫生管理有关的工作"和《吉林省环境保护条例》第十五条"城市街道办事处，乡镇人民政府按照有关规定，负责本辖区的环境保护工作"的规定看，乡镇人民政府对本辖区的环境卫生工作负责，是农村生活垃圾的监管部门。从《吉林省生态环境保护工作职责规定（试行）》第八条、《长春市生态环境保护工作职责规定（试行）》第九条"乡镇人民政府（街道办事处）应督促指导本辖区企事业单位和其他生产经营者落实环境保护措施，配置必要监管人员，落实监管网格的环境监管人员，落实监管网络的环境监管责任，加强隐患排查，发现环境违法问题及时向上级人民政府和有关部门报告。组织本辖区内各单位和居民开展农村环境综合整治，加强禽畜水产养殖等农业面源污染防治和秸秆禁烧，抓好生活垃圾分类处置、生活污水集中处理，加强农村饮用水源和耕地保护"，《德惠市生态环境保护工作责任规定（试行）》第九条"关于乡镇人民政府（街道办事处）生态环境保护职责"第（五）项"抓好生活垃圾分类处置、生活污水集中处理，加强农村饮用水源和耕地保护"及第（六）项"负责域内河道垃圾、畜禽尸体等对水体产生污染的物质实施清理和处理，对乡镇（街）出境断面水质负责"，《长春市市容和环境卫生管理条例》第六条第三款"乡（镇）人民政府和街道办事处负责本辖区内的市容和环境卫生管理工作"的规定看，乡镇人民政府负责辖区生态环境保护工作职责清晰，内容明确。另外，从国务院《村庄和集镇规划建设管理条例》第六条第三款"乡级人民政府负责本行政区域的村庄、集镇规划建设管理工作"，第三十九条"有下列行为之一的，由乡级人民政府责令停止侵害，可以处以罚款；造成损失的，并应当赔偿：（一）损坏村庄和集镇的房屋、公共设施的；（二）乱堆粪便、垃圾、柴草，破坏村容镇貌和环境卫生的"的规定看，乡级人民政府对于乱堆垃圾行为有制止和罚款权力。可见，无论是法律、行政法规、地方性法规以及从省级到县级关于生态环境保护工作职责的文件，都明确规定了乡镇人民政府对于辖区环境卫生的监督管理职责，这种监督管理职责包含的不仅是法律层面的对辖区环境保护的宏观规定，还有地方性法规和地方性文件细化后的具体职权，更有行政法规规定的对行政相对人具有责令停止侵害、处以罚款的权力，所以朝阳乡人民政府作为一级政府，对其乡镇辖区存在的生活垃圾处理负有监督管理职责。二审法院未适用上述法律规定，而适用《吉林省环境保护条例》第十二条认定"朝阳乡政府不是履行对破坏生态环境的违法行为进行制止和处罚的监督管理职责的责任主体"存在适用法律错误。综上，二审法院对行政公益诉讼的受案范围及行政机关的"监督管理职责"理解不当，适用法律错误，特提出抗诉，请依法再审。

朝阳乡人民政府答辩称：1. 案涉垃圾堆放的地点在松花江河道内，应当由县级的水行政管理部门管辖；2. 接到检察建议后，朝阳乡人民政府组织人力、物力向市政府申请资金，在2018 年 6 月对垃圾堆放问题进行了首次处理，对固体垃圾进行填埋处理，本案涉及的 6000 多吨垃圾彻底清理，案涉地点从外观上已经恢复了原状。

本院查明事实与原二审查明事实一致。另查明，案涉垃圾场位于朝阳乡南岗村林场东北方位，距松花江约 500 米，属于朝阳乡辖区。该垃圾场共有两处堆放点，均为沙土坑，经测绘垃圾堆放量为 6051.5 立方米，附近林地及路边还有大量零散倾倒的垃圾。德惠市检察院 2017 年 4 月 18 日向朝阳乡政府发出检察建议，2017 年 6 月 17 日邀请环保专家与测绘人员复查现场发现，垃圾堆放点边缘地带又新增两堆生活垃圾与建筑垃圾的混合物。

本院认为，吉林省人民检察院抗诉理由成立，理由分述如下：

一、德惠市朝阳乡人民政府具有环境保护"监督管理职责"。乡人民政府具有环境保护的"监督管理职责"或"环境保护职权"。

《环境保护法》明确了乡人民政府在农村环境保护中的相应职责。

《环境保护法》第六条第二款规定："地方各级人民政府应当对本行政区域的环境质量负责。"该条款是对环境保护义务的规定。之所以法律规定地方政府要对环境质量负责，主要是因为：环境是典型的公共产品，政府作为公共物品的管理者应当对环境质量负责。由于影响环境质量的因素具有复杂性，能够承担起统筹协调各种资源，综合治理，改善环境质量责任的，除了政府以外没有其他主体。①

《环境保护法》第二十八条第一款规定："地方各级人民政府应当根据环境保护目标和治理任务，采取有效措施，改善环境质量。"本条是关于地方政府改善环境质量的规定，明确了各级人民政府是环境保护的主要责任主体。

《环境保护法》第三十三条第二款规定："县级、乡级人民政府应当提高农村环境保护公共服务水平，推动农村环境综合整治。"该条款是关于农业与农村环境保护的规定，明确了具体担负起提高农村环保公共服务水平的责任主体是县、乡两级人民政府。

《环境保护法》第三十七条规定："地方各级人民政府应当采取措施，组织对生活废弃物的分类处置、回收利用。"该条是关于地方政府组织处理生活废弃物的规定，明确了地方各级人民政府为责任主体。

《环境保护法》第六十八条规定，"地方各级人民政府、县级以上人民政府环境保护主管部门和其他负有环境保护监督管理

---

① 袁杰：《中华人民共和国环境保护法解读》，中国法制出版社2014年版，第22页。

职责的部门有下列行为之一的，对直接负责的主管人员和其他直接责任人员给予记过、记大过或者降级处分；造成严重后果的，给予撤职或者开除处分，其主要负责人应当引咎辞职……"地方各级人民政府、县级以上人民政府环境保护主管部门和其他负有环境保护监督管理职责的部门享有环境监督管理的权力，同时承担相应的环境监管职责，对于不依法履行监管职责的，应当承担相应的法律责任。

此外，抗诉机关援引的《吉林省生态环境保护工作职责规定（试行）》第八条、《长春市生态环境保护工作职责规定（试行）》第九条等规定，也从不同角度对于乡政府的环保职责进行了规定。具体规定还有 1993 年 11 月 1 日施行的国务院《村庄和集镇规划建设管理条例》第三十九条："有下列行为之一的，由乡级人民政府责令停止侵害，可以处以罚款；造成损失的，并应当赔偿：（一）损坏村庄和集镇的房屋、公共设施的；（二）乱堆粪便、垃圾、柴草，破坏村容镇貌和环境卫生的。"该条甚至规定了乡级人民政府对于破坏村容镇貌和环境卫生行为可以实施罚款。

行政管理实践中，乡政府作为我国行政体系中最为基础的一级，虽然极少作为一个独立主体出现在环境保护类的法律法规之中，但往往"隐身"于"国家""一切单位和个人""地方各级人民政府"这一类语文符号内。综观《环境保护法》"地方各级人民政府"出现 16 次，"乡级人民政府" 1 次。可见，环境保护"监督管理职责"不同于行政机关的其他职责，具有一定复杂性，并非某一行政部门或某级人民政府独有的行政职责。乡级人民政府依法需要承担包括环境保护相关职责，已经在《环境保护法》中予以明确。且不是被作为集中列举的政府的抽象的职权之一，而是规定了关于环境保护的具体职权。因此，乡政府作为行政体系一员，环境保护职权属于其法定职责的一部分，对于垃圾堆放等破坏乡村环境行为，乡政府应当承担相应的"监督管理职责"，由于环保工作的特殊性和复杂性，人民法院不应在判决中对乡政府环境保护"监督管理职责"作限缩解释，或片面解读，而应从《环境保护法》立法体系、立法本意出发，结合具体案例的实际情况，对乡政府环境保护"监督管理职责"全面解读。

《中华人民共和国行政诉讼法》第二十五条第四款"人民检察院在履行职责中发现生态环境和资源保护、食品药品安全、国有财产保护、国有土地使用权出让等领域负有监督管理职责的行政机关违法行使职权或者不作为，致使国家利益或者社会公共利益受到侵害的，应当向行政机关提出检察建议，督促其依法履行职责。行政机关不依法履行职责的，人民检察院依法向人民法院提起诉讼"中规定的"监督管理职责"应当不包括前述行政机关"运用公共权力使用公共资金，组织相关部门对生态环境进行治理"的管理职责，仅应指行政机关依据法律、法规或者规章的明确授权行使的监督管理职责。

二、原一审、二审适用法律错误。在课予义务诉讼中被告就原告请求事项是否具有相应职责，原则上属于实体审查内容，只有明显不属于行政机关权限范围的，才可以适用速裁程序。课予义务诉讼程序裁判，《最高人民法院关于适用〈中华人民共和国行政诉讼法〉的解释》第九十三条第二款规定："人民法院经审理认为原告所请求履行的法定职责或者给付义务明显不属于行政机关权限范围的，可以裁定驳回起诉"。一般情况下，对于行政机关是否具有法定职责或者给付义务，属于实体判断问题，应当采用判决方式，只有原告所请求履行的法定职责或者给付义务"明显"不属于行政机关权限范围的，才可以裁定驳回起诉。是否属于"明显"情形，应当由人民法院根据案件具体情况进行判断，但是不能滥用本款内容。

综上，依照《中华人民共和国行政诉讼法》第八十九条第一款第（二）项，《最高人民法院关于适用〈中华人民共和国行政诉讼法〉的解释》第一百一十九条、第一百二十三条第（三）项之规定，裁定如下：

一、撤销德惠市人民法院作出（2017）吉 0183 行初 42 号行政裁定；

二、撤销吉林省长春市中级人民法院（2018）吉 01 行终 49 号行政裁定；

三、指令德惠市人民法院对本案进行审理。

审判长　孔德岩

审判员　刘吉红

审判员　戴秋野

二〇一九年八月十五日

书记员　焉秀晨

吉林省德惠市人民法院
行政判决书

（2020）吉 0183 行初 19 号

公益诉讼起诉人：德惠市人民检察院

被告：德惠市朝阳乡人民政府。住所地：德惠市朝阳乡

法定代表人：孙某某，该乡乡长

委托诉讼代理人：周某某，该乡副乡长

委托诉讼代理人：杨某某，吉林吉大律师事务所律师

公益诉讼起诉人德惠市人民检察院诉被告德惠市朝阳乡人民政府（以下简称朝阳乡政府）不履行法定职责一案，本院于 2017 年 12 月 25 日作出（2017）吉 0183 行初 42 号行政裁定书，德惠市人民检察院不服提出上诉，长春市中级人民法院于 2018 年 4 月 20 日作出（2018）吉 01 行终 49 号行政裁定书，裁定：驳回上诉，维持原裁定。后德惠市人民检察院不服，向检察机关申请监督，吉林省人民检察院向吉林省高级人民法院提出抗诉，吉林省高级人民法院于 2019 年 8 月 15 日作出（2018）吉行再 21 号行政裁定书，裁定：一、撤销德惠市人民法院（2017）吉 0183 行初 42 号行政裁定；二、撤销吉林省长春市中级人民法院（2018）吉 01 行终 49 号行政裁定；三、指令德惠市人民法院对

本案进行审理。本院受理后，依法适用普通程序，公开开庭进行了审理。公益诉讼起诉人德惠市人民检察院的委托诉讼代理人于福录、徐向东，被告德惠市朝阳乡人民政府的委托诉讼代理人周某某、杨某某到庭参加诉讼。本案现已审理终结。

公益诉讼起诉人德惠市人民检察院向本院提出诉讼请求：（1）确认德惠市朝阳乡人民政府不依法履行对垃圾处理的监管职责违法；（2）判令被告德惠市朝阳乡人民政府立即履行监管职责，对违法形成的垃圾场进行治理，恢复原有的生态环境。本次庭审中变更诉讼请求为：确认德惠市朝阳乡人民政府不依法履行生活垃圾治理职责违法。事实和理由：本院在开展"服务幸福德惠，保障民生民利"行政检察监督专项活动中发现，德惠市朝阳乡境内存在擅自倾倒、堆放生活垃圾情况。经现场勘验，该垃圾堆放场位于德惠市朝阳乡辖区，同时该垃圾处理场位于松花江国堤内，属于松花江河道管理范围。该垃圾处理场共有两处堆放点，均为沙土坑，经测绘垃圾堆放量为6051.5立方米，附近林地及路边还有大量零散倾倒的垃圾。垃圾系就地无序堆放，未作防渗漏、防扬散及无害化处理，散发着难闻气味。朝阳乡政府对擅自倾倒、堆放垃圾的行为未依法履行监管职责。本院于2017年4月18日向被告发出长德检行公建〔2017〕2号检察建议书，建议依法履行统筹和监管职责，对违法存在的垃圾堆放场立即进行治理，恢复原有的生态环境。2017年5月12日被告回复称，朝阳乡党委、乡政府高度重视，制定了朝阳乡垃圾堆放场整治方案。本院于2017年6月5日第一次复查现场，发现其中垃圾堆放点一已作平整及填土覆盖处理，表面形态为垄状，但未耕种，地表残留大量垃圾废物，破除表层土后，可见原先堆放的垃圾未予清除；垃圾堆放点二原有垃圾未见减少，在一侧还发现少量新增的建筑垃圾。本院于 2017 年 6 月 9 日邀请德惠市水利局工作人员第二次复查现场，两处垃圾堆放点形态与前次复查情形基本一致，同时对垃圾场是否属于河道管理范围进行了现场确认，经确认两处垃圾堆放场属于松花江河道管理范围。本院于 2017 年 6 月 17 日邀请环保专家与测绘人员第三次复查现场，发现垃圾堆放点一已被种植农作物，垃圾堆放点二边缘地带又新增两堆生活垃圾与建筑垃圾的混合物，同时原有垃圾堆放场的一部分已作填土覆盖处理。本院于 2017 年 6 月 23 日第四次复查现场，发现垃圾堆放点一仍是被覆土掩盖并被种植农作物状态，有村民在捡拾地表残留垃圾。垃圾堆放点二有铲车正在推土掩埋垃圾，只有少量垃圾尚处于裸露状态。可见，朝阳乡政府未实际依法履行监管职责，对违法形成的垃圾处理场未进行彻底整治，公共利益仍处于持续损害之中。认定上述事实的证据有本院现场勘验笔录及照片、德惠市水利局出具的垃圾平面位置图及证明材料、环保专家关于德惠市朝阳乡南岗村林场东北方向两处堆存物的鉴别意见、德惠市朝阳乡垃圾场土方量项目测绘报告、德惠市人民检察院长德检行公建〔2017〕2 号检察建议书及送达回证、朝阳乡政府关于长德检行公建〔2017〕2 号检察建议书的回复等证据证明。本院认为，根据《中华人民共和国固体废物污染环境防治法》第四十九条规定："农村生活垃圾污染环境防治的具体办法，由地方性法规规定。"根据《长春市市容和环境卫生管理条例》第六条第三款"乡（镇）人民政府和街道办事处负责本辖区内的市容和环境卫生管理工作"，及《德惠市生态环境保护工作责任规定（试行）》第九条，乡镇人民政府（街道办事处）生态环境保护职责第（五）项"抓好生活垃圾分类处置、生活污水集中处理，加强农村饮用水源和耕地保护"及第（六）

项"负责域内河道垃圾、畜禽尸体等对水体产生污染的物质实施清理和处理，对乡镇（街）出境断面水质负责"之规定，被告对辖区内生活垃圾的处理负有监管职责。根据《中华人民共和国固体废物污染环境防治法》第十七条"收集、贮存、运输、利用、处置固体废物的单位和个人，必须采取防扬散、防流失、防渗漏或者其他防止污染环境的措施；不得擅自倾倒、堆放、丢弃、遗撒固体废物。禁止任何单位或者个人向江河、湖泊、运河、渠道、水库及其最高水位线以下的滩地和岸坡等法律、法规规定禁止倾倒、堆放废弃物的地点倾倒、堆放固体废弃物"之规定，《中华人民共和国河道管理条例》第二十四条第一款"在河道管理范围内，禁止修建围堤、阻水渠道、阻水道路；种植高秆农作物、芦苇、杞柳、荻柴和树木（堤防防护林除处）；设置拦河渔具；弃置矿渣、石渣、煤灰、泥土、垃圾等"之规定，《中华人民共和国防洪法》第二十二条第二款"禁止在河道、湖泊管理范围内建设妨碍行洪的建筑物、构筑物，倾倒垃圾、渣土，从事影响河势稳定，危害河岸堤防安全和其他妨碍河道行洪的活动"之规定，被告境内的两处生活垃圾处理场均处于松花江两岸国堤之间，属于松花江河道管理范围，且均未采取防扬散、防流失、防渗漏或者其他防止环境污染的措施，既对周围环境产生危害，又对流域水体和行洪产生影响，可以确认被告未尽到监管职责违法。因被告对擅自倾倒、堆放垃圾的行为不依法履行监管职责，已经对辖区内环境造成污染，并可能对流域水体和河道行洪产生影响。在检察机关发出检察建议后，其仍未履行监管职责，造成国家和社会公共利益仍处于受侵害状态。2018 年 6 月，朝阳乡政府对案涉垃圾进行了清理，经人民检察院现场确认，垃圾确已彻底清理。根据《最高人民法院、最高人民检察院关于检察公益诉讼案件适用法律若干问题的解释》第二十四条规定，我院要求确认原行政行为违法。现根据《全国人民代表大会常务委员会关于授权最高人民检察院在部分地区开展公益诉讼试点工作的决定》和《人民检察院提起公益诉讼试点工作实施办法》第四十一条的规定，向你院提起诉讼，请依法裁判。

朝阳乡政府辩称，朝阳乡政府对诉讼请求不予认可。一、朝阳乡政府依法不应承担对涉案地点垃圾的监管职责，德惠市人民检察院起诉将朝阳乡政府确定为监管负责人没有法律依据。德惠市人民检察院在起诉书中已经确认"垃圾处理场位于松花江国堤内，属于松花江河道管理范围"。根据《河道管理条例》第四条"国务院水利行政主管部门是全国河道的主管机关"，第五条"其他河道由省、自治区、直辖市或者市、县的河道管理机关实施管理"，第二十四条"在河道管理范围内……禁止弃置矿渣、石渣、煤灰、泥土、垃圾等"，这三条行政法规明确规定了河道内垃圾的监管主体是水利行政机关，监管内容包括禁止倾倒垃圾，该条例并没有规定该管理责任属于行政区域内的地方政府。德惠市人民检察院以《长春市市容和环境卫生管理条例》第六条第三款"乡（镇）人民政府和街道办事处负责本辖区内的市容和环境卫生管理工作"为依据确定朝阳乡政府的管理职责是对本法规的曲解，本条一个关键词是"辖区"，对这个词的正确理解应当是"有管理权的区域"，它不能等同于"行政区"，是否有"管理权"应当严格依据法律、法规而定，属于乡镇行政区域的不一定该级别政府就对此区域享有管理权。《长春市市容和环境卫生管理条例》第十三条第五款"水库、河流、湖泊、塘坝及其界定的周边范围，其经营者或者管理单位为负责人"，这条规定更加明确具体确定了河道管理机关才是垃圾清理的责任主体，也说明本条例第六条第三款的"辖区"是不包括上述区域的。德惠市人民检察院又以《德惠市生态环境保护工作责任规定（试行）》第九条规定确定朝阳乡政府责任主体地位也是没有法律依据的，该规定仅属于地方政府的规范性文件，有行政上的约束力但是不具有法律层面的约束力，判断朝阳乡政府是否有违法行为不能适用此规定。因此，依据现行法律、法规之规定朝阳乡政府不应是案涉垃圾的监管责任主体，从而不存在监管职责违法的问题。二、确定朝阳乡政府有监管职责违法有违行政行为内部的合理性。该区域内垃圾是多年形成的，时间跨度长，倾倒主体复杂，涉及周边各乡镇甚至其他县区。在这样时间历史遗留下的大量垃圾，仅仅在这样一个时间点让朝阳乡政府短时间内彻底解决的确是勉为其难，如果在开始倾倒垃圾之初，相关部门就依法、及时、准确地明确监管责任主体，如果在污染形成之前环保部门就把评估意见呈递给各级政府，那么何以形成 6000 多吨的垃圾，又何以形成目前的结果。更多的熟视无睹后，在某一天突然化成一纸强令，然后把责任强加于朝阳乡政府，这明显割裂了现实与历史的关系，忽略过程强求结果，对朝阳乡政府明显是不公平的。三、对涉案垃圾，虽然朝阳乡政府不属于法律层面的监管主体，但朝阳乡政府作为一级政府必须认真执行市里的工作部署，对涉案垃圾清理工作正在进行。4月中旬，朝阳乡政府接到检察院的检察建议书后，对此项工作就进行了认真研究部署，考虑到 6000 多吨的垃圾，如果按我们现有的人力、物力而且距市区遥远，要将垃圾彻底运走清除可能要费时几个月甚至更长的时间，6月份就是松花江每年的汛期，如果到汛期时垃圾仍然没有清运完，那么就会对周边以及下游城市造成开放性的污染，如果那样就有违我们清除垃圾的根本目的，再一次使工作落入形式化。而且，如果没有专业的垃圾运输车辆，在长途的运输中难免会有垃圾遗落、渗漏，会造成二次污染，综合考虑后，朝阳乡政府决定将现有垃圾进行掩埋封闭，最大限度地限制污染扩散，之后协调市里购买垃圾专用车辆，待到汛期结束后，利用一秋一冬时间将所有垃圾清运出河道。在垃圾掩埋后至目前这段时间，朝阳乡政府在不断与市领导沟通，研究购买垃圾运输车辆的事，这是事实。德惠市人民检察院将我们暂时掩埋垃圾的行为推断成结果行为是错误的，朝阳乡政府后续更多的工作德惠市人民检察院并不掌握。综上，认为公益诉讼起诉人请求判令朝阳乡政府未履行垃圾处理职责违法，被告是不同意的，即便在法律层面规定了环境监管的主体复杂性，也包括被告，但是被告已经将本案的垃圾在之前一审、二审过程中进行清理完毕，达到了预期的结果，本案公益诉讼人要求确认被告职责违法的主要理由就是当时由于被告所受汛期以及客观条件影响未及时清理垃圾，但这不属于被告怠于履行清理垃圾职责，因为当时公益诉讼起诉人向被告下达检察建议书时，正赶上汛期来临特殊时期，当时必须有保护垃圾不扩散的方式，以便汛期不会造成更大污染。基于以上原因，不能认为被告在任何履行职责上有违法行为。而且，本案公益诉讼起诉人要求确认被告职责违法也是一种不真正的责任，随着垃圾被清理之后，这种责任自然消灭，不同于对污染源的创设责任，因为该垃圾堆放地点系多个行政区的交汇处，所形成的垃圾时间久远，并且有其他行政区向该处倾倒垃圾。因此，被告不应当构成职责违法。

结合公益诉讼起诉人的起诉意见和被告的答辩意见，总结本案争议的焦点有两个：一是朝阳乡政府对其辖区范围内环境卫生是否具有"监督管理职责"；二是朝阳乡政府是否存在不履行对垃圾处理的监管职责的行为。

德惠市人民检察院为支持其主张，就第一个焦点问题向本院提供以下证据：

1. 《中华人民共和国地方各级人民代表大会和地方各级人民政府组织法》第六十一条规定："乡、民族乡、镇的人民政府行使下列职权：……（二）执行本行政区域内的经济和社会发展计划、预算，管理本行政区域内的经济、教育、科学、文化、卫生、体育事业和财政、民政、公安、司法行政、计划生育等行政工作"，证明朝阳乡人民政府对辖区内的卫生工作负有管理职责是法律明确赋予的。

2. 《中华人民共和国环境保护法》第六条第二款规定："地方各级人民政府应当对本行政区域的环境质量负责。"第三十三条第二款规定："县级、乡级人民政府应当提高农村环境保护公共服务水平，推动农村环境综合整治。"第三十七条规定："地方各级人民政府应当采取措施，组织对生活废弃物的分类处置、回收利用。"第五十一条规定："各级人民政府应当统筹城乡建设污水处理设施及配套管网，固体废物的收集、运输和处置等环境卫生设施，危险废物集中处置设施、场所以及其他环境保护公共设施，并保障其正常运行。"证明按照环境保护法的规定，乡镇人民政府负有对辖区环境质量负责，应当推动农村环境综合整治，应当采取有效措施，做好对生活废弃物的分类处置、回收利用的工作职责。朝阳乡人民政府应当依法对违法堆放的生活垃圾进行治理，保证环境质量。

3. 《中华人民共和国固体废物污染环境防治法》（2016年修正）第四十九条规定："农村生活垃圾污染环境防治的具体办法，由地方性法规规定。"《吉林省城市市容和环境卫生管理条例》第三条第二款规定："县级以上地方人民政府其他有关部门以及建制镇人民政府、街道办事处，应当在各自的职责范围内依法做好与城市市容和环境卫生管理有关的工作。"《吉林省环境保护条例》第十五条规定："城市街道办事处、乡镇人民政府按照有关规定，负责本辖区的环境保护工作。"《长春市市容和环境卫生管理条例》第六条第三款规定："乡（镇）人民政府和街道办事处负责本辖区内的市容和环境卫生管理工作。"证明乡（镇）人民政府对本辖区的环境卫生负责，是农村生活垃圾的监管部门，朝阳乡人民政府依此规定应当对生活垃圾负有监管职责。

4. 《吉林省生态环境保护工作职责规定（试行）》第八条、《长春市生态环境保护工作职责规定（试行）》第九条规定："乡镇人民政府（街道办事处）应督促指导本辖区企事业单位和其他生产经营者落实环境保护措施，配置必要监管人员，落实监管网格的环境监管责任，加强隐患排查，发现环境违法问题及时向上级人民政府和有关部门报告。组织本辖区内各单位和居民开展农村环境综合整治，加强禽畜水产养殖等农业面源污染防治和秸秆禁烧，抓好生活垃圾分类处置、生活污水集中处理，加强农村饮用水源和耕地保护。"《德惠市生态环境保护工作责任规定（试行）》第九条"关于乡镇人民政府（街道办事处）生态环境保护职责"第（五）项规定："抓好生活垃圾分类处置、生活污水集中处理，加强农村饮用水源和耕地保护"，第（六）项规定："负责域内河道垃圾、畜禽尸体等对水体产生污染的物质实施清理和处理，对乡镇（街）出境断面水质负责。"证明省、市、县人民政府依据地方法规在各级文件中对乡（镇）人民政府负有生活垃圾监管职责进行了细化，监管事项更加明确具体，朝阳乡人民政府对辖区生活垃圾的监管责无旁贷。

5. 国务院《村庄和集镇规划建设管理条例》第三十九条规定："有下列行为之一的，由乡级人民政府责令停止侵害，可以处以罚款；造成损失的，并应当赔偿：……（二）乱堆粪便、垃圾、柴草，破坏村容镇貌和环境卫生的。"证明乡镇人民政府有权对破坏环境卫生的行为进行处罚，朝阳乡人民政府有权对违法倾倒垃圾的责任人员进行处罚。

以上证据从法律、行政法规、地方性法规以及从省级到县级关于生态环境保护工作职责的文件，都对乡镇人民政府对于环境卫生监督管理职责和行政处罚权进行了明确，证明朝阳乡人民政府作为一级政府，对其乡镇辖区内存在的生活垃圾处理负有监督管理职责。

朝阳乡人民政府的质证意见是：对所有法律法规及相关文件真实性没有异议，对证据3《中华人民共和国固体废物污染环境防治法》（2016年修正）第四十九条证明的问题有异议，该条规定的是由地方性法规确定工作办法而不是确定主体监管责任，根据河道管理法的相关规定已经确立了监管主体，不能再次将监管主体授权给地方性法规；证据4《吉林省生态环境保护工作职责规定（试行）》第八条、《长春市生态环境保护工作职责规定（试行）》第九条所证明的问题有异议，该份职责规定是由人民省政府办公厅制定的，属于部门规章，不属于地方性法规，不是证据3所说的地方性法规，即使该规定可以适用，第八条乡镇人民政府督促的对象是企事业单位和其他经营者，针对的是法人所管理的范围，而不是区域。《德惠市生态环境保护工作责任规定（试行）》是规范性文件，不起法律作用。

朝阳乡人民政府就第一个焦点问题未提供证据。

德惠市人民检察院为支持其主张，就第二个焦点问题向本院提供以下证据：

第一组证据为德惠市人民检察院对公益损害情况的调查和认定。具体包括：德惠市人民检察院现场勘验照片、现场勘验笔录、堆存物鉴别意见、垃圾场土方量测绘报告。证据来源为德惠市人民检察院在履行行政公益诉讼检察监督职责中形成。证据内容为德惠市朝阳乡南岗村林场东北方向存在两处垃圾堆放点，属于违法建设。经德惠市水利局工作人员现场确认，汛期堆放的垃圾会对流域内水体及河道行洪产生影响。经环保专家鉴别，堆放的垃圾属于农村生活垃圾及少量建筑垃圾，垃圾堆存处未见污染防治措施，垃圾产生的渗滤液可能对地表水及地下水造成污染，散发的含有硫、氨等恶臭气体污染环境空气。经委托吉林省云鹤测绘有限公司进行测绘，垃圾堆放量为6051.5立方米。以上证据证明被告境内存在违法堆放的生活垃圾两处，未采取防治污染措施，危害周围环境，污染松花江水体，危害松花江行洪安全，损害了公共利益。

第二组证据为检察机关建议情况及被告回复情况。具体为：2017年4月18日，德惠市人民检察院向被告送达了长德检行公建（2017）2号检察建议书，建议依法履行监管职责，对违法存在的垃圾堆放场立即进行治理，恢复原有的生态环境。2017年5月12日，被告对检察建议进行了回复。

回复称被告收到检察建议书后，到市环卫处咨询了整治处理办法，向市政府主管环保工作的副市长进行了汇报，研究制定了整治方案，对组织整治工作、整治效果、日后监管作出了具体安排。以上证据证明被告经检察机关建议，对不依法履行职责的违法情形通过回复予以确认，并针对违法情形研究制定了一系列的整治方案。

　　第三组证据为德惠市人民检察院对被告整治工作跟踪调查情况。德惠市人民检察院自朝阳乡人民政府对检察建议进行回复后，于 2017 年 6 月至 2017 年 9 月，先后五次到垃圾堆放现场进行了查看和取证，发现朝阳乡政府不仅未履行职责对原有垃圾进行清运，而且还有新增垃圾出现，并且雇佣机械对垃圾进行了填埋掩盖。证明被告未按照检察建议回复中提到的治理方案实际履行对垃圾处理的监管职责，公共利益损害状态处于持续之中，符合行政公益诉讼起诉条件。

　　朝阳乡政府的质证意见是，对以上三组证据的真实性无异议，对证明的问题有异议。第一组证据显示，本案的生活垃圾不是在短时间内形成的，应该是多年积累的，也不能证明本案垃圾完全是由被告辖区内居民倾倒，针对特殊政策时期加强对环保保护力度，在这一阶段，被告也投入了巨大的财力和人力，对所管辖的区域内垃圾进行了全力清理，尽管如此，对本案中多年形成的达到 6000 多吨的垃圾，如果在短期内立即清除，对被告而言是不客观的。关于这一点，德惠市市政府也在会议中给予各乡镇清理垃圾一定的缓冲时间，鉴于公益诉讼人给被告下达的检察建议期间是汛期，被告对该垃圾进行先保护后清理是符合环保要求的，不存在职责违法问题。对第二组证据证明的问题有异议。从该份证据中反映出被告已经积极地和上级主管部门和相关部门沟通协调，研究治理方案，恰恰证明了被告是在历史遗留的垃圾问题上采取了积极主动的治理态度。说明被告没有不履行监管职责。第三组证据发生的时间是 2017 年 6 月至 2017 年 9 月，此时正是松花江汛期阶段，被告采取的掩埋措施也是为了防止案涉垃圾在汛期扩散，最大限度地达到保护环境的目的，该组证据恰恰证明了被告在积极地履行垃圾处理职责，因为监管的目的是使环境保护效果最大化，不是简单的不顾后果的清运。

朝阳乡人民政府就第二个焦点问题未提供证据。

庭审中公益诉讼起诉人出示的证据，与本案有关联性，来源合法，且被告没有提出实质性反驳意见，本院予以确认，并作为定案依据。

本院认为，关于本案争议的第一个焦点问题朝阳乡政府对其辖区范围内环境卫生是否具有"监督管理职责"。《中华人民共和国环境保护法》第六条第一款、第二款、第二十八条规定，一切单位和个人都有保护环境的义务。地方各级人民政府应当对本行政区域的环境质量负责，地方各级人民政府应当根据环境保护目标和治理任务，采取有效措施，改善环境质量。国务院《村庄和集镇规划建设管理条例》第三十九条规定："有下列行为之一的，由乡级人民政府责令停止侵害，可以处以罚款；造成损失的，并应当赔偿：（一）损坏村庄和集镇的房屋、公共设施的；（二）乱堆粪便、垃圾、柴草，破坏村容镇貌和环境卫生的。"《吉林省生态环境保护工作职责规定（试行）》第八条、《长春市生态环境保护工作职责规定（试行）》第九条，对于乡级人民政府对辖区范围内环境卫生具有"监督管理职责"也有相关规定。综上可知，环境是典型的公共产品，环境卫生的"监督管理职责"不同于行政机关的其他职责，具有一定复杂性，并非某一行政部门，或某级人民政府独有的行政职责。因此，对于垃圾堆放等破坏辖区范围内环境卫生行为，乡级人民政府应当依法履行"监督管理职责"。根据《最高人民法院、最高人民检察院关于检察公益诉讼案件适用法律若干问题的解释》第二十一条"人民检察院在履行职责中发现生态环境和资源保护、食品药品安全、国有财产保护、国有土地使用权出让等领域负有监督管理职责的行政机关违法行使职权或者不作为，致使国家利益或者社会公共利益受到侵害的，应当向行政机关提出检察建议，督促其依法履行职责。行政机关应当在收到检察建议书之日起两个月内依法履行职责，并书面回复人民检察院。出现国家利益或者社会公共利益损害继续扩大等紧急情形的，行政机关应当在十五日内书面回复。行政机关不依法履行职责的，人民检察院依法向人民法院提起诉讼"的规定，本案符合法定起诉条件。

关于本案争议的第二个焦点问题朝阳乡政府是否存在不履行对垃圾处理的监管职责的行为。德惠市人民检察院于 2017 年 4 月 18 日向朝阳乡政府发出检察建议，建议其依法履行统筹和监管职责，对违法存在的垃圾堆放场立即进行治理，朝阳乡政府在收到检察建议书后，于同年 5 月 12 日书面回复并告知制定了整治方案，但在德惠市人民检察院于 2017 年 6 月份共计四次复查现场后，仍发现有少量垃圾处于裸露状态，由此可见，朝阳乡政府未在规定时间内依法履行监管职责，彻底整治垃圾处理场问题，导致公共利益处于持续损害之中，直到 2018 年 6 月份，经三级人民检察院共同现场确认，垃圾确已彻底清理。根据《最高人民法院、最高人民检察院关于检察公益诉讼案件适用法律若干问题的解释》第二十四条"在行政公益诉讼案件审理过程中，被告纠正违法行为或者依法履行职责而使人民检察院的诉讼请求全部实现，人民检察院撤回起诉的，人民法院应当裁定准许；人民检察院变更诉讼请求，请求确认原行政行为违法的，人民法院应当判决确认违法"的规定，本案中，德惠市朝阳乡人民政府对辖区内的环境具有监管职责，在收到检察院的检察建议书后并未及时履行监管职责进行治理，虽然现在已治理完毕，公共利益的损害已经停止，但德惠市人民检察院请求确认朝阳乡政府原行政行为违法，变更诉讼请求为"确认德惠市朝阳乡人民政府不依法履行生活垃圾治理职责违法"，本院予以支持。

本案经本院审判委员会讨论决定，依照《中华人民共和国行政诉讼法》第四十九条、第七十四条第二款、《最高人民法院、最高人民检察院关于检察公益诉讼案件适用法律若干问题的解释》第二十一条、第二十二条、第二十三条、第二十四条规定，判决如下：

确认德惠市朝阳乡人民政府原不依法履行生活垃圾治理职责违法。

如不服本判决，可在裁定书送达之日起十五日内向法院递交上诉状，并按对方当事人的人数提交副本，上诉于吉林省长春市中级人民法院。

审　判　长　孙　宇

审　判　员　李　东

审　判　员　李兆义

人民陪审员　李　赞

人民陪审员　赵存卫

人民陪审员　王立丽

人民陪审员　梁　贺

二〇二〇年十二月十八日

书　记　员　王一竹

山西省检察机关督促整治浑源矿企
非法开采行政公益诉讼案

（检例第 163 号）

关键词

行政公益诉讼诉前程序　重大公益损害　矿产资源保护
分层级监督　生态环境修复

要旨

检察机关办理重大公益损害案件，要积极争取党委领导和政
府支持。在多层级多个行政机关都负有监管职责的情况下，要统
筹发挥一体化办案机制作用，根据同级监督原则，由不同层级检
察机关督促相应行政机关依法履行职责。办案过程中，可以综合
运用诉前检察建议和社会治理检察建议等相应监督办案方式，推
动形成检察监督与行政层级监督合力，促进问题解决。

基本案情

山西浑源 A 煤业有限公司（以下简称 A 煤业公司）、山西浑
源 B 露天煤业有限责任公司（以下简称 B 煤业公司）等 32 家煤

矿、花岗岩矿、萤石矿等矿企，分别地处恒山国家级风景名胜区、恒山省级自然保护区和恒山国家森林公园及周边（以下简称恒山风景名胜区及周边）。上述矿企在开采和经营过程中，违反生态环境保护和自然资源管理法律法规，无证开采、越界开采，严重破坏生态环境和矿产、耕地及林草资源。其中，A 煤业公司矿区在未办理建设用地使用手续的情况下非法占用农用地，造成农用地大量毁坏，涉及耕地面积达 9305 亩。B 煤业公司等其他矿企也分别长期存在越界开采煤炭资源，违反矿山开发利用方案多采区同时开采，未经审批占用耕地、林地等违法行为，违法开采造成生态环境受损面积达 8.4 万余亩，经济损失约 9.5 亿元。

检察机关履职过程

（一）线索发现和立案调查

2017 年 12 月，山西省人民检察院（以下简称山西省院）通过公益诉讼大数据信息平台收集到多条反映浑源县矿企破坏恒山风景名胜区及周边生态环境和自然资源的线索，报告最高人民检察院（以下简称最高检）后，最高检挂牌督办。山西省院启动一体化办案机制，统筹推进省、市、县三级检察院开展立案调查。

检察机关通过调取涉案地区卫星遥感图片和无人机航拍照片，初步查实恒山风景名胜区及周边露天开采矿企底数、生态破坏面积等基本情况。经委托专门鉴定机构现场勘查测绘，针对不同矿企制作现场平面图、三维建模图等，检察机关摸清了生态环境和资源遭受破坏情况并及时固定证据。初步认定，A 煤业公司、B 煤业公司等矿企长期实施非法采矿、非法占地、非法排污及无证经营等违法行为，使当地煤炭、花岗岩等矿产和耕地、林草资源遭到严重破坏。2018 年 9 月 3 日，浑源县人民检察院（以下简称浑源县院）决定作为公益诉讼案件立案办理，此后相关检察院也经指定管辖先后依法立案。

（二）督促履职

根据查明的违法情形及损害后果，并结合行政机关法定职责，检察机关研判认为自然资源、林草、生态环境、应急管理、水务、市场监管部门及乡、镇政府等行政机关负有监管职责，且不同的矿产资源、林地权属及矿企的违法行为由不同层级的行政机关监管。其中，煤矿、花岗岩矿分别由省级和市级自然资源部门颁发采矿许可予以监管；矿企破坏林地的违法行为分别由市级、县级林草部门监管；矿企违法占地、未取得安全生产许可证生产、非法倾倒固体废物、无营业执照经营等违法行为分别由县级自然资源、应急管理、生态环境、市场监管等部门监管。

多年来，上述相应的行政机关对涉案矿企的违法行为曾采取过罚款、没收违法所得、责令退回本矿区范围内开采、下达停工通知和停止违法违规生产建设行为通知等监管治理措施，但生态环境和自然资源受损状况并未改观甚至日益加剧。2018 年 8 月至 12 月，大同市两级检察机关针对花岗岩矿、萤石矿、粘土砖矿企业实施的破坏生态环境和自然资源违法行为，根据同级监督的原则，分别向负有监督管理职责的相应行政机关发出检察建议，督促对涉案矿企违法行为依法全面履行监管职责。

因该案涉及矿企数量众多，违法和公益损害的情形多样，涉及不同层级多个行政机关，为有效推进案件办理，大同市人民检察院（以下简称大同市院）发挥一体化办案优势，统筹辖区办案资源，除浑源县院外，还将该案相关具体线索分别指定辖区多个县级检察院管辖。根据大同市院的指定，云冈区检察院就 A 煤业公司剥离废渣石随意堆积污染环境违法情形，于 2018 年 10 月 15 日向浑源县生态环境部门制发诉前检察建议，建议其依法履职，督促该矿采取有效防范措施，防止固废污染环境。同年 12 月 10 日，生态环境部门回复已完成对剥离废渣石等固废的整治并建立矿山监管长效机制。广灵县、左云县、平城区、天镇县检察院根据大同市院指定，先后向大同市国土资源局、林业局，浑源县国土资源局、林业局、安监局以及浑源县青瓷窑乡、千佛岭乡政府等行政机关发出诉前检察建议并持续跟进，相关行政机关均按期回复，查处整治、植被恢复等整改任务都已落实到位。

山西省自然资源厅系 A 煤业公司、B 煤业公司等 5 家涉案煤矿企业采矿许可证发证机关，对涉案煤企的违法行为负有监管职责。2019 年 1 月 21 日，山西省院向山西省自然资源厅发出行政公益诉讼诉前检察建议，督促其对涉案煤矿企业破坏资源环境和耕地的违法行为依法全面履行监管职责。1 月 29 日，山西省自然资源厅函复山西省院，对被非法占用的耕地和基本农田及时组织补划工作，协调开展技术评审。该厅派员赴大同市、浑源县对接查处整治和生态修复工作，全程指导浑源县矿山地质环境恢复、综合治理规划、露天采矿生态环境治理修复可行性研究、勘察设计制定、生态环境治理修复工程实施等工作。3 月 19 日，该厅书面回复山西省院，已在全省开展严厉打击非法用地用矿专项行动，并组织对破坏资源的鉴定工作，建议动用 5 家煤矿企业预存的 5500 万元土地复垦费用直接用于生态修复，并联合省财政厅下达专项资金支持浑源县开展露天矿山生态修复。

鉴于相关违法行为具有一定的普遍性和典型性，且损害重大公共利益，为督促相关省级行政机关加大对下级主管部门的行政执法监督和指导力度，2019 年 1 月 29 日，山西省院向省市场监督管理局、省应急管理厅、省生态环境厅、省林业和草原局等行政机关发出社会治理检察建议，建议上述机关分别针对涉案煤矿无安全生产许可证开采经营、无环评手续非法生产、擅自倾倒堆放固废、违法占用林地等违法行为督促大同市、浑源县有关部门依法及时查处。上述四厅局迅即向大同市、浑源县通报情况并实地督导，在项目规划、资金筹措、技术支持、法规适用等方面跟踪指导并相互配合，确保生态修复有序推进。

鉴于案情重大复杂，山西省院在办案过程中及时就案件进展情况向最高检和山西省委请示汇报，最高检持续进行督办，山西省委常委会专题研究并成立整治浑源县露天矿山开采破坏生态环境专项工作领导小组，扎实推动相关整改工作。

（三）综合整治成效

相关行政机关收到检察建议后，均在法定期限内予以回复，依法全面履职，整治涉案矿企违法违规行为，积极推进生态修复。通过采取注销采矿许可证、拆除、搬迁等措施，使涉案矿企违法违规开采及破坏环境资源违法行为得到全面遏制，部分花岗岩矿和粘土砖矿已完成搬迁拆除或注销，对涉案 5 家煤矿根据违法违规情形责令逐步分批分期退出。

在该案办理过程中，检察机关根据调查核实掌握的证据，就有关公职人员不依法履行监管职责、大面积耕地被非法占用等情况进行研判，向纪检监察机关移送公职人员违纪违法线索 92 件，其中 77 人受到党政纪处分，9 人被追究刑事责任；向公安机关移送涉嫌非法占用农用地等涉嫌犯罪线索 31 件，公安机关立案侦查 35 人，检察机关向人民法院提起公诉 30 人。

当地政府制定了恒山风景名胜区及周边生态修复整治方案，

提出"一年见绿，两年见树，三年见景"的生态修复目标。截至 2021 年底，修复工程完成矿山生态治理面积 5.39 万亩，其中恢复林地耕地 1.1 万亩，栽种各类树木 348.55 万株，铺设各类灌溉管网 16.525 万米，累计投入 10 亿余元。其余受损生态也在按修复整治方案因地因势治理中。

指导意义

（一）**统分结合，分层级精准监督，推动受损生态全面修复**。重大公益诉讼案件往往涉及不同层级的多个行政机关，检察机关要统筹发挥一体化办案机制作用，在全面查清公益损害事实和相应监管机关的基础上，上级检察机关加强督办指导，采取统分结合的办法立案办理，由不同层级检察机关对应监督同级行政机关，督促不同行政机关各司其职，促进受损公益得到全面修复。

（二）**多措并举，综合运用诉前检察建议和社会治理检察建议，推动行政机关上下联动**。《中华人民共和国人民检察院组织法》第二十一条规定，人民检察院行使法律监督职权，可以向有关单位发出检察建议。《人民检察院检察建议工作规定》第十一条规定，"人民检察院在办理案件中发现社会治理工作存在下列情形之一的，可以向有关单位和部门提出改进工作、完善治理的检察建议……（四）相关单位或者部门不依法及时履行职责，致使个人或者组织合法权益受到损害或者存在损害危险，需要及时整改消除的；……"根据上述规定，针对整改难度大、违法情形具有普遍性的重大公益损害案件，检察机关在通过制发诉前检察建议督促负有直接监督管理职责的行政机关依法履职的同时，可以向负有领导、督促和指导整改工作的上级行政机关发出社会治理检察建议，通过诉前检察建议和社会治理检察建议的结合运用，推动行政机关上下联动，形成层级监督整改合力，促进受损公益尽快得到修复。

（三）综合治理，争取党委领导、政府支持，协同发挥公益诉讼检察与刑事检察职能作用，并与纪检监察、公安等机关有效衔接配合。检察机关办理重大公益诉讼案件过程中，要积极向党委报告重大情况，争取政府支持，统筹推进整改工作。对发现的涉嫌犯罪或者职务违法、违纪线索，应当及时移送公安、纪检监察等有管辖权的机关依法惩治破坏环境资源等犯罪及其背后的职务犯罪，强化公益保护的整体效应。

相关规定

《中华人民共和国人民检察院组织法》（2018 年修订）第二十一条

《中华人民共和国行政诉讼法》（2017 年修正）第二十五条第四款

《中华人民共和国矿产资源法》（2009 年修正）第二十九条、第四十条、第四十四条、第四十五条

《中华人民共和国煤炭法》（2016 年修正）第二十一条、第二十二条第一款、第二十六条

《中华人民共和国土地管理法》（2004 年修正）第七十四条、第七十六条第一款、第八十一条（现为 2019 年修正后的第七十五条、第七十七条第一款、第八十二条）

《中华人民共和国森林法》（2009 年修正）第十五条第一、

三款、第十八条第一款、第四十四条第一款（现为 2019 年修订后的第十五条第三款、第三十七条、第七十四条第一款）

《中华人民共和国固体废物污染环境防治法》（2016 年修正）第十七条第一款（现为 2020 年修订后的第二十条第一款）

《安全生产许可证条例》（2014 年施行）第三条第三款、第四款

《风景名胜区条例》（2016 年施行）第二十六条

《中华人民共和国矿产资源法实施细则》（1994 年施行）第八条第二款、第四款

《最高人民法院、最高人民检察院关于检察公益诉讼案件适用法律若干问题的解释》（2018 年施行）第二十一条第一款（现为 2020 年修正后的第二十一条第一款）

《人民检察院检察建议工作规定》（2019 年施行）第十一条

附：

山西省人民检察院行政公益诉讼检察建议书 （对自然资源厅）

山西省人民检察院
检察建议书

晋检行公〔2019〕001号

山西省自然资源厅：

本院在履行职责中发现，你厅对山西浑源 A 煤业有限公司等五家煤矿企业破坏自然资源的行为存在违法行使职权或不作为情形，致使国家利益和社会公共利益受到侵害。本院依法进行了调查。现查明：

山西浑源 A 煤业有限公司、山西浑源 B 露天煤业有限责任公司、山西浑源金某煤业有限责任公司、山西浑源恒山阳某煤业有限责任公司、山西浑源瑞某煤业有限责任公司（以下分别简称 A 煤业、B 煤业、金某煤业、阳某煤业、瑞某煤业）均为 2009 年山西省煤矿企业兼并重组整合工作领导组办公室以晋煤重组办发（2009）6 号文件批复的兼并重组整合煤矿；位于恒山自然保护区、风景名胜区周边，长期从事煤炭开采经营业务。多年来，该五家矿企在采矿过程中对煤炭资源和耕地造成了严重破坏，具体情况如下：

1. A 煤业

A 煤业营业执照登记机关为山西省工商行政管理局，营业执照载明，A 煤业成立于 2011 年 11 月 9 日，住所地为浑源县黄花滩乡官王铺村，法定代表人白某，营业期限为长期，经营范围为煤炭开采，统一社会信用代码 9114000058××××××××；该矿的采矿许可证发证机关为山西省国土资源厅，证号为 C14000020091112××××××××，载明其开采方式为露天开采，生产规模为 300 万吨/年，矿区面积 33.6574 平方公里，有效期为 2012 年 11 月 10 日至 2032 年 11 月 10 日，矿区范围拐点坐标显示该矿有两个矿区，开采深度为"由 1820 米至 800 米标高"；该矿安全生产许可证发证机关为山西煤炭安全监察局，编号为（晋）MK 安许证字（2016）D109Y1，有效期为 2016 年 7 月 4 日至 2019 年 7 月 3 日；山西省煤炭工业厅发布《关于公告山西省 2018 年上半年生产煤矿能力情况的通知》（晋煤行发（2018）335 号），对该矿进行了生产要素信息公告。

从浑源县国土局历年对煤矿企业行政处罚有关资料来看，至少从 2014 年起，A 煤业连年被国土部门发现存在越界动用煤炭资源和越界开采煤炭资源违法情形，仅 2014 年该矿二矿区越界动用煤炭资源就达 3.8 万吨，越界开采和动用煤炭资源行为持续存在。另外，《浑源县国土资源局关于全县 46 座矿山情况的报告》反映，A 煤业存在"多采区同时开工建设和组织生产"情形。公安机关刑事侦查材料中有证据显示，该矿存在各采区分别独立经营、自负盈亏、同时作业的情形。浑源县国土资源局《关于浑源县有证矿山企业办理建设用地审批的情况说明》中可见，在全县办理土地审批手续的 7 家有证矿企中并无 A 煤业。据查，该矿各采区通过与当地村民、村委会等签订占地协议等形式非法占用耕地。大同市公安机关在同公诉刑字（2018）900189号起诉意见书中认定，A煤业在未办理建设用地使用手续的情况下，非法占用耕地、林地等农用地，造成农用地大量毁坏，共占耕地9305.102亩（其中基本农田1251.473亩）。据浑源县国土资源局提供材料证明，A煤业一矿区和二矿区进行了部分复垦，但"所复垦的土地未完全恢复土地原状，也未退还农民与农村集体"。

2. B煤业

B煤业营业执照登记机关为山西省工商行政管理局，营业执照载明，B煤业住所地为浑源县黄花滩乡饮马泉村，成立于2014年2月28日，法定代表人郭某某，营业期限为2014年2月28日至2034年2月27日，经营范围为煤炭开采与销售，统一社会信用代码9114000009×××××××；该矿的采矿许可证发证机关为山西省国土资源厅，证号为C14000020091212××××××××，载明其开采方式为露天开采，生产规模为60万吨/年，矿区面积5.851平方公里，有效期为2017年7月31日至2027年7月31日，矿区范围由该证副本拐点坐标显示，开采深度为"由1770米至1550米标高"；该矿安全生产许可证发证机关为山西煤炭安全监察局，编号为（晋）MK安许证字（2016）D143Y3，有效期为2016年9月6日至2018年11月30日；山西省煤炭工业厅发布《关于公告山西省2018年上半年生产煤矿能力情况的通知》（晋煤行发（2018）335号），对该矿进行了生产要素信息公告。

从浑源县国土局历年对煤矿企业行政处罚有关资料来看，2017年和2018年，B煤业均存在越界开采煤炭资源违法行为。《浑源县国土资源局关于全县46座矿山情况的报告》反映，B煤业存在"多采区同时开工建设和组织生产"情形。经查，B煤业因涉嫌刑事犯罪被公安机关立案侦查，目前有证据显示，B煤业各采区分别由不同的负责人独立经营、自负盈亏，各采区同时作业，存在无序开采情形。另外，该矿采区数量呈逐步增加趋势。大同市国土资源局2018年9月18日向公安机关提供的《大同市国土资源局关于提供山西浑源B露天煤业有限责任公司涉嫌土地违法和采矿违法有关证据的回函》表明，B煤业未经审批占用耕地4781.027亩（其中基本农田140.642亩），浑源县国土资源局《关于浑源县有证矿山企业办理建设用地审批的情况说明》中可见，在全县办理土地审批手续的7家有证矿企中并无B煤业。据查，该矿各采区分别与当地村民、村委会等签订占用土地协议，通过此类方式非法占用耕地、林地。据浑源县国土资源局提供材料，B煤业进行了部分复垦，但"所复垦的土地未完全恢复土地原状，也未退还农民与农村集体"。

3. 金某煤业

金某煤业采矿许可证发证机关为山西省国土资源厅，证号为C14000020091212××××××××，载明其地址为大同市浑源县，开采方式为露天开采，生产规模为60万吨/年，矿区面积2.6781平方公里，有效期为2015年11月20日至2017年11月20日，矿区范围由该证副本拐点坐标显示，开采深度为"由1780米至1580米标高"。目前，该矿无营业执照、无安全生产许可证、无生产要素信息公告。

从浑源县国土局历年对煤矿企业行政处罚有关资料来看，2014年、2015年、2017年及2018年，金某煤业均被国土部门发现存在越界开采煤炭资源的违法情形。《浑源县国土资源局关于全县46座矿山情况的报告》反映，金某煤业存在"多采区开工建设"情形。《浑源县国土资源局关于全县 46 座矿山情况的报告》表明，金某煤业存在非法占用耕地情形，浑源县国土资源局《关于浑源县有证矿山企业办理建设用地审批的情况说明》中可见，在全县办理土地审批手续的 7 家有证矿企中无金某煤业。大同市公安机关在同公诉刑字（2018）900195 号起诉意见书中认定，金某煤业在未办理建设用地使用手续的情况下，非法占用耕地、林地等农用地，造成农用地大量毁坏，公安机关认定该矿共占耕地 790.786 亩（其中基本农田 286.306 亩）。

4. 阳某煤业

阳某煤业营业执照登记机关为山西省工商行政管理局，营业执照载明，阳某煤业成立于 2016 年 11 月 9 日，住所地为浑源县蔡村镇元坨村，法定代表人曹某，营业期限为 2016 年 11 月 9 日至 2036 年 11 月 8 日，经营范围为煤炭开采、销售，统一社会信用代码为 91140000MA×××××××；该矿的采矿许可证发证机关为山西省国土资源厅，证号为 C14000020091112×××××××，载明其开采方式为地下开采，生产规模为 90 万吨/年，矿区面积 5.4365 平方公里，有效期为 2015 年 11 月 30 日至 2017 年 11 月 30 日，矿区范围由该证副本拐点坐标显示，开采深度为"由 1240 米至 960 米标高"。目前，该矿无安全生产许可证、无生产要素信息公告。

从浑源县国土局历年对煤矿企业行政处罚有关资料来看，至少从 2014 年起至 2018 年，阳某煤业先后被国土部门发现存在越界开采煤炭资源、采空塌陷隐患治理动用煤炭资源、违法采矿等情形。另外，《浑源县国土资源局关于全县 46 座矿山情况的报告》反映，阳某煤业在开展隐患治理工作中"涉及动用煤炭资源，形成露天作业"。经查，该矿曾于 2010 年 4 月申请变更开采方式为露天开采，但煤炭监管部门对此至今未有明确答复，该矿未取得合法露天开采手续，但事实上多年以露天方式进行开采。大同市国土资源局 2018 年 9 月 18 日向公安机关提供的《大同市国土资源局关于提供浑源恒山阳某煤业有限公司涉嫌土地违法和采矿违法有关证据的回函》表明，阳某煤业未经审批占用耕地 3347.603 亩（其中基本农田 382.578 亩）。浑源县国土资源局《关于浑源县有证矿山企业办理建设用地审批的情况说明》中可见，在全县办理土地审批手续的 7 家有证矿企中无阳某煤业。据公安机关侦查，该矿通过与当地村民、村委会等签订占地协议等方式非法占用耕地。

5. 瑞某煤业

瑞某煤业采矿许可证发证机关为山西省国土资源厅，证号为 C14000020091112×××××××，载明其地址为大同市浑源县，开采方式为地下开采，生产规模为 90 万吨/年，矿区面积 2.6986 平方公里，有效期为 2014 年 11 月 20 日至 2015 年 11 月 30 日，矿区范围由该证副本拐点坐标显示，开采深度为"由 1780 米至 1180 米标高"。目前，该矿无营业执照、无安全生产许可证、无生产要素信息公告。

从浑源县国土局历年对煤矿企业行政处罚有关资料来看，2018 年瑞某煤业被国土部门发现存在越界开采煤炭资源违法情形。《浑源县国土资源局关于全县 46 座矿山情况的报告》反映，该矿采矿许可证已到期，在开展火区灭火工程中"涉及动用部分煤炭资源，形成露天作业"。经查，该矿曾于 2010 年 4 月申请变更开采方式为露天开采，但煤炭监管部门对此至今未有明确答复，该矿未取得合法露天开采手续，但事实上以露天方式进行开采。大同市公安机关在同公诉刑字（2018）900194 号起诉意见书中认定，瑞某煤业在未办理建设用地使用手续的情况下，非法占用耕地、林地等农用地，造成农业用地大量毁坏，该矿占用耕地 387.302 亩（其中基本农田 215.302 亩）。浑源县国土资源局《关于浑源县有证矿山企业办理建设用地审批的情况说明》中可见，在全县办理土地审批手续的 7 家有证矿企中无瑞某煤业。经查，该矿通过与当地村民、村委会等签订租地协议等形式非法占用耕地。

以上事实有山西省自然资源厅、大同市国土资源局、大同市林业局、浑源县环保局、浑源县安全生产监督管理局、浑源县国土资源局的相关材料，大同市公安局的侦查资料、现场勘查及询问笔录等予以证明。需要指出的是，上述五家煤炭企业因涉嫌非法占用农用地罪、非法采矿罪和破坏性采矿罪被公安机关立案侦查，其中 A 煤业、金某煤业、瑞某煤业相关案件已经移送检察机关审查起诉。

综上，A 煤业、B 煤业、金某煤业、阳某煤业、瑞某煤业的违法行为持续多年存在，对当地煤炭资源和耕地造成了严重破坏和恶劣影响，国家利益和社会公共利益长期处于严重被侵害状态。

《中华人民共和国矿产资源法》第二十九条规定，开采矿产资源必须采取合理的开采顺序、开采方法和选矿工艺。矿山企业的开采回采率、采矿贫化率和选矿回收率应当达到设计要求。第四十条规定，超越批准的矿区范围采矿的，责令退回本矿区范围内开采、赔偿损失，没收越界开采的矿产品和违法所得，可以并处罚款；拒不退回本矿区范围内开采，造成矿产资源破坏的，吊销采矿许可证。第四十四条规定，违反本法规定，采取破坏性的开采方法开采矿产资源的，处以罚款，可以吊销采矿许可证。第四十五条规定，给予吊销勘查许可证或者采矿许可证处罚的，须由原发证机关决定。上级人民政府地质矿产主管部门有权责令改正或者直接给予行政处罚。《中华人民共和国煤炭法》第二十四条规定，煤炭生产应当依法在批准的开采范围内进行，不得超越批准的开采范围越界、越层开采。《矿产资源开采登记管理办法》第七条规定，采矿许可证有效期满，需要继续采矿的，采矿权人应当在采矿许可证有效期届满的 30 日前，到登记管理机关办理延续登记手续。采矿权人逾期不办理延续登记手续的，采矿许可证自行废止。《探矿权采矿权转让管理办法》第十四条规定，未经审批管理机关批准，擅自转让探矿权、采矿权的，由登记管理机关责令改正，没收违法所得，处 10 万元以下的罚款；情节严重的，由原发证机关吊销勘查许可证、采矿许可证。第十五条规定，违反本办法第三条第（二）项的规定，以承包等方式擅自将采矿权转给他人进行采矿的，情节严重的，由原发证机关吊销采矿许可证。《矿业权出让转让管理暂行规定》第三十八条规定，采矿权人不得将采矿权以承包等方式转给他人开采经营。《中华人民共和国矿产资源法实施细则》第八条规定，省、自治区、直辖市人民政府地质矿产主管部门主管本行政区域内矿产资源勘查、开采的监督管理工作。省、自治区、直辖市人民政府有关主管部门，协助同级地质矿产主管部门进行矿产资源勘查、开采的监督管理工作。上级地质矿产主管部门有权对下级地质矿产主管部门违法的或者不适当的矿产资源勘查、开采管理行政行为予以改变或者撤销。《矿产资源监督管理暂行办法》第四条规定，省、自治区、直辖市人民政府地质矿产主管部门对执行本办法负有根据本办法和有关法规，对本地区矿山企业的矿产资源开发利用与保护工作进行监督管理和指导的职责。《矿产资源开采登记管理办法》第十四条规定，登记管理机关应当对本行政区域内的采矿权人合理开发利用矿产资源、保护环境及其他应当履行的法定义务等情况依法进行监督检查。采矿权人应当如实报告有关情况，并提交年度报告。《矿产资源开采登记管理办法》第十八条规定，不依照本办法规定提交年度报告、拒绝接受监督检查或者弄虚作假，情节严重的，由原发证机关吊销采矿许可证。

《中华人民共和国土地管理法》①第七十四条规定，违反本法规定，占用耕地建窑、建坟或者擅自在耕地上建房、挖砂、采石、采矿、取土等，破坏种植条件的，或者因开发土地造成土地荒漠化、盐渍化的，由县级以上人民政府土地行政主管部门责令限期改正或者治理，可以并处罚款；构成犯罪的，依法追究刑事责任。第七十六条规定，未经批准或者采取欺骗手段骗取批准，非法占用土地的，由县级以上人民政府土地行政主管部门责令退还非法占用的土地，对违反土地利用总体规划擅自将农用地改为建设用地的，限期拆除在非法占用的土地上新建的建筑物或其他设施，恢复土地原状。第八十一条规定，擅自将农民集体所有的土地的使用权出让、转让或者出租用于非农业建设的，由县级以上人民政府土地行政主管部门责令限期改正，没收违法所得，并处罚款。

《山西省自然资源厅职能配置、内设机构和人员编制规定》中明确了山西省自然资源厅的职能：履行全省全民所有土地、矿产、森林、草原、湿地、水等自然资源资产所有者职责和所有国土空间用途管理职责，制定规范性文件并监督检查执行情况；负责组织实施最严格的耕地保护制度。监督占用耕地补偿制度执行

---

① 此处是指 2004 年修正的《土地管理法》，下同。——编者注

情况；负责矿产资源管理工作，监督指导全省矿产资源合理利用和保护；统一行使全省全民所有自然资源资产所有者职责，统一行使所有国土空间用途管制和生态保护修复职责；负责自然资源执法监察工作；查处自然资源开发利用和国土空间规划及测绘重大违法案件；指导省级以下自然资源主管部门有关行政执法工作。

针对涉案五家煤矿企业无采矿许可证开采，越界动用、开采煤炭资源，多采区同时开采，擅自改变开采方式，以承包方式非法转让采矿权，非法占用耕地等违法行为，根据矿产资源和土地管理法律法规及相关文件之规定，山西省自然资源厅依法对上述违法行为负有监管职责。经本院调查，对于涉案五家矿企的违法行为，大同市国土资源局称：2014 年以来，浑源县国土资源局对该五矿企越界开采的违法行为立案查处 20 起，即 2014 年和 2015 年，对 A 煤业、金某煤业、阳某煤业分别给予没收违法开采的煤炭资源、责令退回本矿区范围内开采及罚款的行政处罚；2016 年对 A 煤业、阳某煤业给予没收违法开采的煤炭资源并责令退回本矿区范围内开采的行政处罚；2017 年和 2018 年对涉案矿企仅处以罚款。其间，2015 年，浑源县国土局与浑源县煤管局联合通知该县供电公司对 A 煤业、B 煤业、金某煤业部分采区和阳某煤业实施停供生产用电措施，因遭矿方阻挠，未果。长期以来，市县级国土部门所实施的行政行为并未使矿产资源和耕地遭到破坏的事实得以改变，山西省自然资源厅作为省级矿产资源和耕地管理的主管部门，作为涉案矿企采矿许可证的发证机关，在该五家矿企已经造成煤炭资源被大量非法开采、耕地林地大面积毁坏而下级主管部门未采取有效措施的情况下，并未依法全面履行监督管理职责，致使国家利益和社会公共利益持续处于遭受严重侵害的状态。

本院认为，全面依法正确实施行政法律法规、保护国家利益和社会公共利益不受侵害是行政机关的职责。同时，本着有错必纠的原则对下级行政机关的行政行为进行监督亦应是上级行政机关的应尽职责。根据矿产资源管理、土地管理相关法律法规以及《山西省自然资源厅职能配置、内设机构和人员编制规定》，山西省自然资源厅对五家涉案矿企的违法行为负有监督管理职责，且应对下级主管部门的行政执法行为进行监督，但由于你厅未及时采取有效措施，致使国家利益和社会公共利益长期处于被严重侵害的状态。现根据《中华人民共和国行政诉讼法》第二十五条第四款和《最高人民法院、最高人民检察院关于检察公益诉讼案件适用法律若干问题的解释》①第二十一条第一款的规定，向你单位提出如下检察建议：

建议你厅对山西浑源 A 煤业有限公司、山西浑源 B 露天煤业有限责任公司、山西浑源金某煤业有限责任公司、山西浑源恒山阳某煤业有限责任公司、山西浑源瑞某煤业有限责任公司破坏矿产资源和耕地的违法行为依法履行监督管理职责，彻底防止此类违法情形再度发生，切实保护国家利益和社会公共利益。

请于收到本检察建议书后两个月内依法履行职责，并书面回复本院。

2019 年 1 月 21 日

---

① 此处是指 2018 年施行的《最高人民法院、最高人民检察院关于检察公益诉讼案件适用法律若干问题的解释》，下同。——编者注

山西省人民检察院
检察建议书

晋检公建〔2019〕004 号

山西省生态环境厅：

本院在履行职责过程中发现，山西浑源 A 煤业有限公司等五家煤矿企业存在无环评手续非法生产，擅自倾倒、堆放固体废物等违法行为，破坏恒山自然保护区周边生态环境，致使国家和社会公共利益受到侵害。本院依法进行了初步调查。现查明：

山西浑源 A 煤业有限公司、山西浑源 B 露天煤业有限责任公司、山西浑源金某煤业有限责任公司、山西浑源恒山阳某煤业有限责任公司、山西浑源瑞某煤业有限责任公司（以下分别简称 A 煤业、B 煤业、金某煤业、阳某煤业、瑞某煤业）均为 2009 年山西省煤矿企业兼并重组整合工作领导组办公室以晋煤重组办发（2009）6 号文件批复的兼并重组整合煤矿，位于恒山自然保护区、风景名胜区周边，长期从事煤炭开采经营业务。多年来，该五家矿企存在无环评手续非法生产，擅自倾倒、堆放固体废物等违法行为，具体情况如下：

1. A 煤业

A 煤业营业执照登记机关为山西省工商行政管理局，营业执照载明，A 煤业成立于 2011 年 11 月 9 日，住所地为浑源县黄花滩乡官王铺村，法定代表人白某，营业期限为长期，经营范围为煤炭开采，统一社会信用代码 9114000058×××××××；该矿的采矿许可证发证机关为山西省国土资源厅，证号为 C140000200911 12×××××××，载明其开采方式为露天开采，生产规模为 300 万吨/年，矿区面积 33.6574 平方公里，有效期为 2012 年 11 月 10 日至 2032 年 11 月 10 日，矿区范围拐点坐标显示该矿有两个矿区，开采深度为"由 1820 米至 800 米标高"；该矿安全生产许可证发证机关为山西煤炭安全监察局，编号为（晋）MK 安许证字（2016）D109Y1，有效期为 2016 年 7 月 4 日至 2019 年 7 月 3 日；山西省煤炭工业厅发布《关于公告山西省 2018 年上半年生产煤矿能力情况的通知》（晋煤行发（2018）335 号），对该矿进行了生产要素信息公告。

浑源县环境保护局 2018 年 8 月 17 日提供《关于浑源县矿山企业有关情况说明》，反映该矿于 2010 年编制《山西浑源 A 煤业有限公司 3.0Mt/a 露天煤矿兼并重组整合项目环境影响报告书》，2013 年 4 月项目竣工环境保护验收经国家环保部批复通过（环验〔2013〕80 号），但该矿二矿区未取得环评审批手续。此外，A 煤业一矿区和二矿区均存在在矿界内外排渣情形。浑源县国土资源局《关于浑源县有证矿山企业办理建设用地审批的情况说明》中可见，在全县办理土地审批手续的 7 家有证矿企中并无 A 煤业。据查，该矿各采区通过与当地村民、村委会等签订占地协议等形式非法占用耕地堆放矿渣等固体废物。大同市公安机关在同公诉刑字（2018）900189 号起诉意见书中认定，A

煤业在未办理建设用地使用手续的情况下，非法占用耕地、林地等农用地堆放矿渣，造成农用地大量毁坏，共占耕地 9305.102 亩（其中基本农田 1251.473 亩）。

2. B 煤业

B 煤业营业执照登记机关为山西省工商行政管理局，营业执照载明，B 煤业住所地为浑源县黄花滩乡饮马泉村，成立于 2014 年 2 月 28 日，法定代表人郭某某，营业期限为 2014 年 2 月 28 日至 2034 年 2 月 27 日，经营范围为煤炭开采与销售，统一社会信用代码 9114000009××××××××；该矿的采矿许可证发证机关为山西省国土资源厅，证号为 C14000020091212××××××××，载明其开采方式为露天开采，生产规模为 60 万吨/年，矿区面积 5.851 平方公里，有效期为 2017 年 7 月 31 日至 2027 年 7 月 31 日，矿区范围由该证副本拐点坐标显示，开采深度为"由 1770 米至 1550 米标高"；该矿安全生产许可证发证机关为山西煤炭安全监察局，编号为（晋）MK 安许证字 (2016) D143Y3，有效期为 2016 年 9 月 6 日至 2018 年 11 月 30 日；山西省煤炭工业厅发布《关于公告山西省 2018 年上半年生产煤矿能力情况的通知》（晋煤行发（2018）335 号），对该矿进行了生产要素信息公告。

浑源县环境保护局 2018 年 8 月 17 日提供《关于浑源县矿山企业有关情况说明》，反映该矿于 2010 年编制《山西浑源 B 露天煤业有限责任公司 0.6Mt/a 露天煤矿兼并重组整合项目环境影响报告书》，2015 年 6 月项目竣工环境保护验收经大同市环保局批复通过（同环函〔2015〕28 号）。此外，B 煤业存在在煤矿界内外排渣情形。大同市国土局 2018 年 9 月 18 日向公安机关提供的《大同市国土资源局关于提供山西浑源 B 露天煤业有限责任公司涉嫌土地违法和采矿违法有关证据的回函》表明，B煤业未经审批占用耕地4781.027亩（其中基本农田140.642亩）用于堆放矿渣等固体废物。浑源县国土资源局《关于浑源县有证矿山企业办理建设用地审批的情况说明》中可见，在全县办理土地审批手续的7家有证矿企中并无B煤业。据查，该矿各采区分别与当地村民、村委会等签订占用土地协议，通过此类方式取得耕地和林地，并堆放矿渣等固体废物。

3. 金某煤业

金某煤业采矿许可证发证机关为山西省国土资源厅，证号为C14000020091212××××××，载明其地址为大同市浑源县，开采方式为露天开采，生产规模为60万吨/年，矿区面积2.6781平方公里，有效期为2015年11月20日至2017年11月20日，矿区范围由该证副本拐点坐标显示，开采深度为"由1780米至1580米标高"。目前，该矿无营业执照、无安全生产许可证、无生产要素信息公告。

浑源县环境保护局2018年8月17日提供《关于浑源县矿山企业有关情况说明》，反映该矿于2010年编制《山西浑源金某煤业有限责任公司0.6Mt/a露天煤矿兼并重组整合项目环境影响报告书》，2010年9月10日经省环保厅批复（晋环函〔2010〕967号）。此外，该矿存在在煤矿界内外排渣情形。《浑源县国土资源局关于全县46座矿山情况的报告》表明金某煤业存在非法占用耕地用于堆放矿渣等固体废物的情形，浑源县国土资源局《关于浑源县有证矿山企业办理建设用地审批的情况说明》中可见，在全县办理土地审批手续的7家有证矿企中无金某煤业。大同市公安机关在同公诉刑字（2018）900195号起诉意见书中认定，金某煤业在未办理建设用地使用手续的情况下，非法占用耕地、林地等农用地堆放矿渣，造成农用地大量毁坏，公安机关认定该矿共占耕地 790.786 亩（其中基本农田 286.306 亩）。

4. 阳某煤业

阳某煤业营业执照登记机关为山西省工商行政管理局，营业执照载明，阳某煤业成立于 2016 年 11 月 9 日，住所地为浑源县蔡村镇元坨村，法定代表人曹某，营业期限为 2016 年 11 月 9 日至 2036 年 11 月 8 日，经营范围为煤炭开采、销售，统一社会信用代码为 91140000MA××××××××；该矿的采矿许可证发证机关为山西省国土资源厅，证号为 C14000020091112×××× ×××，载明其开采方式为地下开采，生产规模为 90 万吨/年，矿区面积 5.4365 平方公里，有效期为 2015 年 11 月 30 日至 2017 年 11 月 30 日，矿区范围由该证副本拐点坐标显示，开采深度为"由 1240 米至 960 米标高"。目前，该矿无安全生产许可证、无生产要素信息公告。

浑源县环境保护局 2018 年 8 月 17 日提供《关于浑源县矿山企业有关情况说明》，反映该矿于 2008 年编制《山西浑源恒山阳某煤业有限责任公司 450kt/a 矿井资源整合项目环境影响报告书》，2008 年 8 月经省环保厅批复（晋环函〔2008〕587 号）。此外，该矿存在在矿界内外排渣情形。大同市国土局 2018 年 9 月 18 日向公安机关提供的《大同市国土资源局关于提供浑源恒山阳某煤业有限公司涉嫌土地违法和采矿违法有关证据的回函》表明，阳某煤业未经审批占用耕地 3347.603 亩（其中基本农田 382.578 亩）用于堆放矿渣等固体废物。浑源县国土资源局《关于浑源县有证矿山企业办理建设用地审批的情况说明》中可见，在全县办理土地审批手续的 7 家有证矿企中无阳某煤业。据公安机关侦查，该矿通过与当地村民、村委会等签订占地协议等方式取得耕地和林地，并堆放矿渣等固体废物。

5. 瑞某煤业

瑞某煤业采矿许可证发证机关为山西省国土资源厅，证号为C14000020091112×××××××，载明其地址为大同市浑源县，开采方式为地下开采，生产规模为 90 万吨/年，矿区面积2.6986 平方公里，有效期为 2014 年 11 月 20 日至 2015 年 11 月30 日，矿区范围由该证副本拐点坐标显示，开采深度为"由1780 米至 1180 米标高"。目前，该矿无营业执照、无安全生产许可证、无生产要素信息公告。

大同市公安机关在同公诉刑字（2018）900194 号起诉意见书中认定，瑞某煤业在未办理建设用地使用手续的情况下，非法占用耕地、林地等农用地用于堆放矿渣，造成农业用地大量毁坏，该矿占用耕地 387.302 亩（其中基本农田 215.302亩）。浑源县国土资源局《关于浑源县有证矿山企业办理建设用地审批的情况说明》中可见，在全县办理土地审批手续的 7家有证矿企中无瑞某煤业。经查，该矿通过与当地村民、村委会等签订租地协议等形式非法使用土地，并堆放矿渣等固体废物。

浑源县环境保护局发现以上五家涉案矿企均有其他违法排污行为，并多次对各类违法排污行为进行处罚，但未能有效制止或纠正五家涉案矿企的违法行为。

以上事实有大同市林业局、浑源县环保局、浑源县国土资源局的相关材料，大同市公安局的侦查资料、现场勘查及询问笔录等予以证明。需要指出的是，上述五家煤炭企业均因涉嫌非法占用农用地罪、非法采矿罪和破坏性采矿罪被公安机关立案侦查，其中 A 煤业、金某煤业、瑞某煤业相关案件已经移送检察机关审查起诉。综上，A 煤业、B 煤业、金某煤业、阳某煤业、瑞某煤业的违法行为持续多年存在，国家利益和社会公共利益长期处于被侵害状态。

《中华人民共和国煤炭法》第十九条规定，煤矿建设应当坚持煤炭开发与环境治理同步进行。煤矿建设项目的环境保护设施必须与主体工程同时设计、同时施工、同时验收、同时投入使用。《排污许可管理办法（试行）》第四条规定，排污单位应当依法持有排污许可证，并按照排污许可证的规定排放污染物。应当取得排污许可证而未取得的，不得排放污染物。《中华人民共和国固体废物污染环境防治法》① 第十七条规定，收集、贮存、运输、利用、处置固体废物的单位和个人，必须采取防扬散、防流失、防渗漏或者其他防止污染环境的措施；不得擅自倾倒、堆放、丢弃、遗撒固体废物。

《山西省生态环境厅职能配置、内设机构和人员编制规定》中明确规定，山西省生态环境厅负责全省环境污染防治的监督管理。制定固体废物的污染防治管理制度并监督实施；统一负责全省生态环境监督执法，依法进行环境保护行政强制、行政处罚、行政复议和行政应诉，牵头组织联合执法。

据此，山西省生态环境厅依法对以上五家煤矿企业无环评手续非法生产，擅自倾倒、堆放固体废物的违法行为及下级生态环境主管部门负有监督管理职责。现根据《中华人民共和国人民检察院组织法》第二十条、第二十一条之规定，向你单位提出如下检察建议：

---

① 此处是指 2016 年修正的《固体废物污染环境防治法》，下同。——编者注

　　建议你局对山西浑源县煤矿企业无环评手续非法生产，擅自倾倒、堆放固体废物的违法行为依法履行监督管理职责，切实保护国家和社会公共利益，防止此类违法情形发生。

　　请于收到本检察建议书后及时依法履职，并于两个月内将履职情况函复我院。

2019 年 1 月 21 日

山西省左云县人民检察院
检察建议书

左检行公建〔2018〕103 号

浑源县环境保护局：

根据大同市人民检察院指定管辖，我院在办理"最高检挂牌督办的浑源县恒山景区周边采矿破坏生态案件线索"中发现，你局对浑源某花岗岩联营矿固体废物未采取相应环保措施的违法行为未依法履行法定职责，侵害了社会公共利益。本院依法进行了调查，现查明：

浑源某花岗岩联营矿，矿山名称为千佛岭乡高家沟某花岗岩矿，位于大同市浑源县千佛岭乡高家沟村，矿区面积 0.1339 平方公里，全部在恒山国家森林公园范围内。该矿在施工过程中未采取相应的防护措施，剥离废弃的花岗岩废渣随意扬散、堆放，污染环境，对恒山国家森林公园地貌景观影响破坏程度较大。但你局于 2017 年 7 月 20 日对该矿作出了浑环罚字〔2017〕018 号行政处罚决定书，责令其立即停产并罚款壹万贰仟元。该矿仅缴纳了罚款，对堆放的固体废物未采取制止扬散、流失的有效措施。本院立案后该状态仍未改善，社会公共利益持续处于受侵害状态。认定上述事实的证据有书证、现场照片等证明材料。

本院认为，根据《中华人民共和国固体废物污染环境防治法》第十六条规定"产生固体废物的单位和个人，应当采取措施，防止或者减少固体废物对环境的污染"；第十七条第一款规定"收集、贮存、运输、利用、处置固体废物的单位和个人，必须采取防扬散、防流失、防渗漏或者其他防止污染环境的措施；不得擅自倾倒、堆放、丢弃、遗撒固体废物"；第六十八条规定"违反本法规定，有下列行为之一的，由县级以上人民政府环境保护行政主管部门责令停止违法行为，限期改正，处以罚款：……（七）未采取相应防范措施，造成工业固体废物扬散、流失、渗漏或者造成其他环境污染的；……"你局作为环境保护主管部门，对该矿工业固体废物扬散等造成环境污染的行为未责令停止，未依法完全履行监管职责，侵害了社会公共利益。

根据《中华人民共和国行政诉讼法》第二十五条第四款和《最高人民法院、最高人民检察院关于检察公益诉讼案件适用法律若干问题的解释》第二十一条第一款之规定，向你局提出如下检察建议：

一、建议你局依法履行监管职责，责令该矿严格采取有效防范措施，防止因任意堆放矿产废物废料造成扬散、流失、渗漏或者其他污染。

二、在今后工作中，你局要严格执行法律法规，采取有效措施保障社会公共利益。

请于收到本检察建议书后两个月内依法办理，并将办理情况及时书面回复本院。

2018 年 12 月 15 日

江西省浮梁县人民检察院诉 A 化工集团 有限公司污染环境民事公益诉讼案

（检例第 164 号）

关键词

民事公益诉讼　跨省倾倒危险废物　惩罚性赔偿　侵权企业民事责任

要旨

检察机关提起环境民事公益诉讼时，对于侵权人违反法律规定故意污染环境、破坏生态致社会公共利益受到严重损害后果的，有权要求侵权人依法承担相应的惩罚性赔偿责任。提出惩罚性赔偿数额，可以以生态环境功能损失费用为基数，综合案件具体情况予以确定。

基本案情

2018 年 3 月 3 日至 7 月 31 日，位于浙江的 A 化工集团有限公司（以下简称 A 公司）生产叠氮化钠的蒸馏系统设备损坏，导致大量硫酸钠废液无法正常处理。该公司生产部经理吴某甲经请示公司法定代表人同意，负责对硫酸钠废液进行处置。在处置过程中，A 公司为吴某甲报销了两次费用。吴某甲将硫酸钠废液交由无危险废物处置资质的吴某乙处理。吴某乙雇请李某某，由范某某押运、董某某和周某某带路，在江西省浮梁县寿安镇八角井、湘湖镇洞口村两处地块违法倾倒 30 车共计 1124.1 吨硫酸钠废液，致使周边 8.08 亩范围内土壤和地表水、地下水受到污染，当地 3.6 公里河道、6.6 平方公里流域环境受到影响，造成 1000 余名群众饮水、用水困难。经鉴定，两处地块修复的总费用为 2168000 元，环境功能性损失费用为 57135.45 元。

检察机关履职过程

江西省浮梁县人民检察院（以下简称浮梁县院）在办理吴某甲等 6 人涉嫌污染环境罪刑事案件时，发现公益受损的线索。浮梁县院即引导侦查机关和督促生态环境部门固定污染环境的相关证据，同时建议当地政府采取必要应急措施，防止污染进一步扩大。在办案过程中，委托鉴定机构对倾倒点是否存在土壤污染以及生态修复所需费用、环境功能性损失费用等进行司法鉴定。经江西求实司法鉴定中心鉴定，浮梁县两处倾倒点的土壤表层均存在列入《国家危险废物名录》（2016 年版）中的危险废物叠氮化钠污染，八角井倾倒点水体中存在叠氮化钠且含量超标 2.2 倍至 177.33 倍不等，对周边约 8.08 亩的范围内环境造成污染；两处地块修复的总费用为 2168000 元，环境功能性损失费用为 57135.45 元。

浮梁县院经审查，对吴某甲等 6 人提起刑事诉讼。2019 年 12 月 18 日，浮梁县人民法院以污染环境罪判处被告人吴某甲等

6 人有期徒刑六年六个月至三年二个月不等，并处罚金 5 万元至 2 万元不等。一审宣判后，吴某甲、李某某不服提出上诉，2020 年 4 月 7 日，江西省景德镇市中级人民法院裁定驳回上诉，维持原判。

（一）民事公益诉讼诉前程序

根据"两高"司法解释规定，民事公益诉讼由侵权行为地或者被告住所地中级人民法院管辖。因本案的环境污染侵权行为发生地和损害结果地均在浮梁县，且涉及的刑事案件已由浮梁县院办理，从案件调查取证、生态环境恢复等便利性考虑，应继续由浮梁县院管辖民事公益诉讼案件。经与江西省高级人民法院协商，江西省人民检察院 2020 年 6 月 22 日将本案指定浮梁县院管辖，江西省高级人民法院将该案指定浮梁县人民法院审理。7 月 1 日，浮梁县院对本案立案审查并开展调查核实，同时调取了刑事案件卷宗和相关证据材料。

2020 年 7 月 2 日，浮梁县院发布公告，公告期满后没有适格主体提起诉讼。

（二）提起民事公益诉讼

2020 年 11 月 17 日，浮梁县院以 A 公司为被告提起民事公益诉讼，诉请法院判令被告承担污染修复费 2168000 元、环境功能性损失费 57135.45 元、应急处置费 532860.11 元、检测费、鉴定费 95670 元，共计 2853665.56 元，并在国家级新闻媒体上向社会公众赔礼道歉。

浮梁县院经审查认为，A 公司工作人员将公司生产的硫酸钠废液交由无危险废物处置资质的个人处理，非法倾倒在浮梁县境内，造成了当地水体、土壤等生态环境严重污染，损害了社会公

共利益。案件审理中，因《中华人民共和国民法典》已于 2021
年 1 月 1 日正式实施。虽然案涉污染环境、破坏生态的侵权行为
发生在《民法典》施行前，但是侵权人未采取有效措施修复生
态环境，生态环境持续性受损，严重损害社会公共利益，为更有
利于保护生态环境，维护社会秩序和公共利益，根据《最高人
民法院关于适用〈中华人民共和国民法典〉时间效力的若干规
定》第二条规定，"民法典实施前的法律事实引起的民事纠纷案
件，当时的法律、司法解释有规定，适用当时的法律、司法解释
的规定，但是适用民法典的规定更有利于保护民事主体合法权
益，更有利于维护社会和经济秩序，更有利于弘扬社会主义核心
价值观的除外"。A 公司生产部经理吴某甲系经法定代表人授权
处理废液，公司也两次为其报销了产生的相关费用，吴某甲污染
环境的行为应认定为职务行为，A 公司应承担污染环境的侵权责
任。因公司工作人员违法故意污染环境造成严重后果，为更加有
力、有效地保护社会公共利益，根据《民法典》第一千二百三
十二条之规定，A 公司除应承担环境污染损失和赔礼道歉的侵权
责任外，还应承担惩罚性赔偿金。

2021 年 1 月 3 日，浮梁县院依法变更诉讼请求，在原诉讼
请求基础上增加诉讼请求，要求 A 公司以环境功能性损失费的 3
倍承担环境侵权惩罚性赔偿金 171406.35 元。

（三）案件办理结果

2021 年 1 月 4 日，浮梁县人民法院公开审理本案并当庭依
法判决，支持检察机关全部诉讼请求：1. 被告于本判决生效之
日起十日内赔偿生态环境修复费用 2168000 元、环境功能性损失
费用 57135.45 元、应急处置费用 532860.11 元、检测鉴定费
95670 元，并承担环境污染惩罚性赔偿 171406.35 元，以上共计

3025071.91 元；2. 被告于本判决生效之日起三十日内对违法倾倒硫酸钠废液污染环境的行为在国家级新闻媒体上向社会公众赔礼道歉。

一审宣判后，被告未上诉。判决生效后，被告主动将赔偿款缴纳到位。为修复被污染的环境，2021 年 9 月，浮梁县人民法院将被告缴纳的环境修复费用委托第三方依法公开招标确定修复工程施工主体，并邀请当地政府、环保部门和村民进行全程监督，目前被倾倒点生态环境修复治理已经完成。

指导意义

（一）检察机关提起环境民事公益诉讼时，可以依法提出惩罚性赔偿诉讼请求。《民法典》在环境污染和生态破坏责任中规定惩罚性赔偿，目的在于加大侵权人的违法成本，更加有效地发挥制裁、预防功能，遏制污染环境、破坏生态的行为发生。《民法典》第一千二百三十二条关于惩罚性赔偿的规定是环境污染和生态环境破坏责任的一般规定，既适用于环境私益诉讼，也适用于环境公益诉讼。故意污染环境侵害公共利益，损害后果往往更为严重，尤其需要发挥惩罚性赔偿的惩戒功能。检察机关履行公共利益代表的职责，在依法提起环境民事公益诉讼时应当重视适用惩罚性赔偿，对于侵权人违反法律规定故意污染环境、破坏生态造成严重后果的，可以请求人民法院判令侵权人承担惩罚性赔偿责任。

（二）检察机关应当综合考量具体案情提出惩罚性赔偿数额。基于保护生态环境的公益目的，检察机关在确定环境侵权惩罚性赔偿数额时，应当以生态环境受到损害至修复完成期间服务功能丧失导致的损失、生态环境功能永久性损害造成的损失等可量化的生态环境损害作为计算基数，同时结合具体案情，综合考量侵权人主观过错程度，损害后果的严重程度，生态修复成本，侵权人的经济能力、对案件造成危害后果及承担责任的态度、所受行政处罚和刑事处罚等因素，提出请求判令赔偿的数额。

（三）检察机关可以要求违反污染防治责任的企业承担生态环境修复等民事责任。我国对危险废物污染环境防治实行污染者依法承担责任的原则。危险废物产生者未按照法律法规规定的程序和方法将危险废物交由有处置资质的单位或者个人处置，属于违反污染防治责任的行为，应对由此造成的环境污染承担民事责任。同时，根据《民法典》第一千一百九十一条关于用人单位的工作人员因执行工作任务造成他人损害的，由用人单位承担侵权责任的规定，企业职工在执行工作任务时，实施违法处置危险废物的行为造成环境污染的，企业应承担民事侵权责任。因承担刑事责任和民事责任的主体不同，检察机关不能提出刑事附带民事公益诉讼的，可以在刑事诉讼结束后，单独提起民事公益诉讼，要求企业对其处理危险废物过程中违反国家规定造成生态环境损害的行为，依法承担民事责任。

相关规定

《中华人民共和国民法典》（2021年施行）第一百二十条、第一百七十八条、第一百七十九条、第一千一百九十一条、第一千二百二十九条、第一千二百三十二条、第一千二百三十四条

《中华人民共和国环境保护法》（2014年修订）第六条、第四十八条

《中华人民共和国民事诉讼法》（2017 年修正）第五十五条第二款（现为 2021 年修正后的第五十八条第二款）

《最高人民法院、最高人民检察院关于检察公益诉讼案件适用法律若干问题的解释》（2018 年施行）第十三条（现为 2020 年修正后的第十三条第一款、第二款）

《最高人民法院关于审理环境民事公益诉讼案件适用法律若干问题的解释》（2020 年修正）第十八条、第十九条、第二十条、第二十一条、第二十二条

《最高人民法院关于适用〈中华人民共和国民法典〉时间效力的若干规定》（2021 年施行）第二条

《人民检察院公益诉讼办案规则》（2021 年施行）第九十八条

《最高人民法院关于审理生态环境侵权纠纷案件适用惩罚性赔偿的解释》（2022 年施行）第十二条

江西省浮梁县人民检察院民事公益诉讼起诉书

江西省浮梁县人民检察院
民事公益诉讼起诉书

浮检二部民公诉〔2020〕1号

公益诉讼起诉人：江西省浮梁县人民检察院

被告：浙江Ａ化工集团有限公司

法定代表人：叶某某，该公司总经理

诉讼请求：

1. 判令被告浙江Ａ化工集团有限公司承担因倾倒硫酸钠废液造成的环境污染损失共计人民币2853665.56元，其中污染修复费用为2168000元，环境功能性损失费用为57135.45元，应急处置费用为532860.11元，检测费、鉴定费用为95670元。

2. 判令被告浙江Ａ化工集团有限公司对本次违法倾倒硫酸钠废液的行为在国家级新闻媒体上向社会公众赔礼道歉。

事实和理由：

本院在履行监督职责中发现，浙江Ａ化工集团有限公司（以下简称Ａ化工）在浮梁县湘湖镇洞口村和寿安镇柳溪村八角井倾倒硫酸钠废液的行为，造成环境污染，损害社会公共利益。经江西省人民检察院指定管辖，本院于2020年7月1日立案，

2020 年 7 月 2 日履行公告程序。

经依法审查查明：A 化工成立于 2006 年 12 月，注册资本 5000 万元，经营范围包括叠氮化钠、65% 乙醇（副产）、甲醇（回收）生产（凭有效《安全生产许可证》经营）、亚硝酸乙酯（中间产品）等，法定代表人系叶某某，吴某甲为生产部经理。2018 年 3 月，A 化工生产叠氮化钠的蒸馏系统设备损坏，致使生产过程中产生大量的硫酸钠废液无法按照正常生产工艺进行处理。为了不影响公司生产，吴某甲遂向叶某某请示称将硫酸钠废液交由江西一工厂处理，在得到同意后由其具体负责该事项并两次持有叶某某签字的票据到公司财务处报销产生的相关费用。

从 2018 年 3 月开始吴某甲将公司生产的硫酸钠废液交由无危险废物处置资质的吴某乙处理，吴某乙雇请李某某运输，并安排董某某、周某某带路到浮梁县寿安镇八角井及湘湖镇洞口村的山上进行倾倒，范某某负责了部分押运。2018 年 3 月 3 日至 7 月 31 日，A 化工生产的硫酸钠废液 1124.1 吨被倾倒在了浮梁县寿安镇、湘湖镇境内。

2019 年 4 月 10 日，经江西求实司法鉴定中心鉴定，浮梁县寿安镇八角井倾倒点的水体中存在叠氮化钠，且含量超标，对周边约 8.08 亩范围内环境造成污染。根据《国家危险废物名录》规定，检测水体中的叠氮化钠为危险废物，类别为 HW02 医药废物，废物代码为 271 - 002 - 02。同年 7 月 15 日，江西求实司法鉴定中心对本案进行生态环境损害鉴定，意见为：浮梁县湘湖镇洞口村洞口组和寿安镇柳溪村八角井倾倒点表层土壤均存在叠氮化钠污染，两部分环境损害已经发生，按照案发当时土壤修复所需花费，两处地块修复的总费用为人民币 2168000 元。2020

年 11 月，江西求实司法鉴定中心对涉案倾倒点环境功能性损失费用进行补充鉴定，意见为：吴某乙、吴某甲、李某某、范某某、周某某、董某某六人在浮梁县湘湖镇洞口村洞口组和寿安镇柳溪村八角井倾倒废液造成环境功能性损失费用共计人民币57135.45 元。

另查，经多次检测，A 化工倾倒硫酸钠废液给寿安镇柳溪村的土壤和湘湖镇洞口村的地表水、土壤造成严重污染，浮梁县湘湖镇洞口村村民委员会采取了新建饮水、洗衣码头工程等应急处置措施，产生应急处置费用共计人民币 532860.11 元。经核算，本案共产生检测、鉴定费用为人民币 95670 元。

认定上述事实的证据如下：

浙江 A 化工集团有限公司营业执照，叶某某、吴某甲、等人的陈述，叶某杰、周某等人证言，现场照片，环境影响报告书，检测报告，司法鉴定意见书，湘湖镇洞口村洞口组和江村组饮水工程材料，湘湖镇洞口村江村组洗衣码头工程材料，技术服务合同，委托检测协议，发票，刑事判决书，刑事裁定书，行政处罚决定书等。

本院认为，因 A 化工生产叠氮化钠的蒸馏系统设备损坏，导致产生了大量硫酸钠废液，该公司工作人员违法处置上述废液，造成浮梁县湘湖镇、寿安镇两地环境污染，严重破坏了生态环境，对社会公共利益造成了损害，根据《中华人民共和国侵权责任法》①第六十五条、《中华人民共和国环境保护法》第六十四条之规定，A 化工应当承担相应的侵权责任。本院发现被告违法行为后于 2020 年 7 月 2 日刊登公告，督促相关主体提起

---

① 此处是指 2010 年施行的《侵权责任法》，下同。——编者注

民事公益诉讼，公告期满后没有适格主体提起诉讼，社会公共利益仍处于受侵害的状态。现根据《中华人民共和国民事诉讼法》① 第五十五条第二款、《最高人民法院、最高人民检察院关于检察公益诉讼案件适用法律若干问题的解释》② 第十三条第二款的规定，向你院提起诉讼，请依法裁判。

　　此致
江西省浮梁县人民法院

2020 年 11 月 16 日

---

　　① 此处是指 2017 年修正的《民事诉讼法》，下同。——编者注
　　② 此处是指 2018 年施行的《最高人民法院、最高人民检察院关于检察公益诉讼案件适用法律若干问题的解释》，下同。——编者注

浮梁县人民检察院
变更诉讼请求决定书

浮检民公变诉〔2021〕1 号

本院 2020 年 11 月 17 日以浮检二部民公诉〔2020〕1 号民事公益诉讼起诉书提起的诉被告浙江 A 化工集团有限公司环境污染侵权民事公益诉讼一案，现《中华人民共和国民法典》已于 2021 年 1 月 1 日生效，参照《中华人民共和国民法典》第一千二百三十二条"侵权人违反法律规定故意污染环境、破坏生态造成严重后果的，被侵权人有权请求相应的惩罚性赔偿"的规定，根据《中华人民共和国民事诉讼法》第五十一条的规定，决定变更诉讼请求为：

1. 判令被告浙江 A 化工集团有限公司承担因倾倒硫酸钠废液造成的环境污染损失共计人民币 2853665.56 元，其中污染修复费用 2168000 元，环境功能性损失费用 57135.45 元，应急处置费用 532860.11 元，检测费、鉴定费 95670 元。

2. 判令被告浙江 A 化工集团有限公司对本次违法倾倒硫酸钠废液的行为在国家级新闻媒体上向社会公众赔礼道歉。

3. 判令被告浙江 A 化工集团有限公司承担环境侵权惩罚性赔偿金人民币 171406.35 元。

此致

江西省浮梁县人民法院

2021 年 1 月 3 日

江西省浮梁县人民检察院
出庭意见书

被告：浙江 A 化工集团有限公司

案由：浙江 A 化工集团有限公司污染环境民事公益诉讼案

起诉书号：浮检二部民公诉〔2020〕1 号

审判长、审判员（人民陪审员）：

根据《中华人民共和国民事诉讼法》第五十五条第二款、《最高人民法院、最高人民检察院关于检察公益诉讼案件适用法律若干问题的解释》第九条的规定，我们受浮梁县人民检察院的指派，代表本院出席法庭，并依法对民事诉讼实行法律监督。现对本案证据和案件情况发表如下意见。

经过庭前会议及在刚刚的法庭调查及辩论过程中，我院围绕诉讼请求进行了充分举证，法院也组织了质证，充分证明了：

一、被告公司的工作人员实施了违法处置硫酸钠废液污染环境的侵权行为

浙江 A 化工集团有限公司生产部经理吴某甲经法定代表人授权，未按《环境影响报告书》的规范，处理因该公司蒸馏设备损坏而产生的大量硫酸钠废液，将公司生产的 1124.1 吨硫酸钠废液交由无危险废物处置资质的个人处理，最终 A 化工生产的硫酸钠废液 1124.1 吨被倾倒在了浮梁县寿安镇、湘湖镇境内。

二、倾倒废液行为造成严重后果，损害了社会公共利益

2018年3月3日至同年7月31日A化工生产的硫酸钠废液30车合计1124.1吨被倾倒在浮梁县寿安镇、湘湖镇境内，致浮梁县寿安镇八角周边8.08亩范围内环境污染，致湘湖镇东流水段3.6公里河道、6.6平方公里流域环境受影响，1000余名村民生活饮用水发生严重困难，经委托相关检测机构进行检测，被倾倒地土壤和水体六价铬等物质含量超标；经委托鉴定机构进行鉴定，被倾倒点水体中存在危险废物叠氮化钠，且含量超标。故倾倒废液的行为造成了当地水体、土壤等生态环境严重污染，损害了社会公共利益。

三、被告A化工应当承担污染环境的侵权责任

A公司生产部经理吴某甲系经法定代表人授权处理废液，公司也为吴某甲两次报销了产生的相关费用，根据《中华人民共和国侵权责任法》第三十四条"用人单位的工作人员因执行工作任务造成他人损害的，由用人单位承担侵权责任"之规定，吴某甲污染环境的行为应认定为职务行为，根据该法第六十五条"因污染环境造成损害的，污染者应当承担侵权责任"之规定，被告浙江A化工集团有限公司应承担污染环境的侵权责任。

四、被告应承担环境污染损失、惩罚性赔偿和赔礼道歉的侵权责任

倾倒事件发生后，湘湖镇洞口村村民委员会为防止侵害安排人员在污染地值守产生了值班费，且为解决村民饮水、用水问题，紧急新建了饮水工程和洗衣码头，共产生了应急性费用合计532860.11元；经鉴定机构鉴定，两处倾倒点的生态修复费用为2168000元和环境功能性损失费用为57135.45元，合计2225135.45元；另产生检测、鉴定费用合计95670元，故应判

令被告浙江 A 化工集团有限公司承担因倾倒硫酸钠废液造成的生态环境损害赔偿费用共计 2853665.56 元。

另因被告公司工作人员违法故意污染环境造成严重后果，为进一步惩罚和遏制污染环境的行为，弘扬社会主义核心价值观，更好地保护人类赖以生存的环境，保护社会公共利益，本院参照《中华人民共和国民法典》第一千二百三十二条"侵权人违反法律规定故意污染环境、破坏生态造成严重后果的，被侵权人有权请求相应的惩罚性赔偿"之规定，提出的以环境功能性损失费用为基准 3 倍计算的惩罚性赔偿金人民币 171406.35 元，被告应予承担。

该跨省违法倾倒危废行为破坏了环境，损害了社会公共利益，发生后又被搜狐、腾讯和凤凰网报道，引起了广泛关注，被告应当在全国范围内向社会公众赔礼道歉。

综上所述，本案侵权事实清楚，证据确实充分，足以证明被告公司工作人员的环境侵权行为与环境损害具有直接的因果关系，本院依法提出所有诉讼请求合法合理，请合议庭予以采纳和确认。

检察员：匡宁　秦华

2021 年 1 月 4 日

江西省浮梁县人民法院
民事判决书

（2020）赣 0222 民初 796 号

公益诉讼起诉人：江西省浮梁县人民检察院

被告：浙江 A 化工集团有限公司

法定代表人：叶某某，该公司总经理

委托诉讼代理人：施某某，江西晨天律师事务所律师

公益诉讼起诉人江西省浮梁县人民检察院（以下简称浮梁县检察院）与被告浙江 A 化工集团有限公司（以下简称 A 公司）环境污染民事公益诉讼一案，经江西省景德镇市中级人民法院报请江西省高级人民法院批准，指定本院管辖。本院于 2020 年 11 月 19 日立案后，依法适用普通程序，于 2020 年 11 月 20 日书面告知景德镇市浮梁生态环境局。经查，浮梁县检察院于 2020 年 7 月 2 日公告了案件相关情况，公告期内未有法律规定的机关和有关组织提起民事公益诉讼。2021 年 1 月 3 日，浮梁县检察院决定变更诉讼请求，在原诉讼请求基础上增加要求被告 A 公司承担环境侵权惩罚性赔偿 171406.35 元。本院依法组成合议庭于 2021 年 1 月 4 日公开开庭进行了审理。浮梁县检察院指派检察长匡宁、检察员秦华出庭履行职务，被告 A 公司委托

诉讼代理人施某某到庭参加诉讼。本案现已审理终结。

公益诉讼起诉人浮梁县检察院向本院提出诉讼请求：1. 判令被告 A 公司赔偿倾倒硫酸钠废液造成的环境污染修复费用 2168000 元、环境功能性损失费用 57135.45 元、应急处置费用 532860.11 元、检测鉴定费用 95670 元，并承担污染环境惩罚性赔偿 171406.35 元，共计 3025071.91 元；2. 判令被告 A 公司对本次违法倾倒硫酸钠废液的行为在国家级新闻媒体上向社会公众赔礼道歉。事实和理由：被告 A 公司成立于 2006 年 12 月，注册资本 5000 万元，经营范围包括叠氮化钠、65% 乙醇（副产）、甲醇（回收）生产（凭有效《安全生产许可证》经营）、亚硝酸乙酯（中间产品）等。法定代表人叶某某，吴某甲为生产部经理。2018 年 3 月，被告 A 公司的叠氮化钠蒸馏系统设备损坏，致使生产过程中产生大量的硫酸钠废液无法按照正常生产工艺进行处理。为不影响公司生产，吴某甲向叶某某请示将该废液交由江西一工厂处理。在得到同意后，其具体负责该事项，并两次持有叶某某签字的票据到公司财务处报销相关费用。从 2018 年 3 月开始，吴某甲将该公司生产的硫酸钠废液交由无危险废物处置资质的吴某乙处理。吴某乙雇请李某某运输，并安排董某某、周某某带路，范某某部分押运，将该废液倾倒在浮梁县寿安镇八角井及湘湖镇洞口村的山上。2018 年 3 月 3 日至同年 7 月 31 日，在两处倾倒硫酸钠废液共计 1124.1 吨。

2019 年 4 月 10 日，经江西求实司法鉴定中心鉴定，浮梁县寿安镇八角井倾倒点的水体中存在叠氮化钠，且含量超标，对周边约 8.08 亩范围内环境造成污染。根据《国家危险废物名录》规定，检测水体中叠氮化钠为危险废物，类别为 HW02 医药废物，废物代码为 271－002－02。同年 7 月 15 日，江西求实司法鉴定中心对生态环境损害进行鉴定，意见为：浮梁县湘湖镇洞口村洞口组和寿安镇八角井倾倒点表层土壤均存在叠氮化钠污染，两部分环境损害已经发生，按照案发当时土壤修复所需花费，两处地块修复总费用为 2168000 元。2020 年 11 月，江西求实司法鉴定中心对案涉倾倒点环境功能性损失费用进行补充鉴定，意见为：吴某乙、吴某甲、李某某、范某某、周某某、董某某六人在浮梁县湘湖镇洞口村洞口组和寿安镇八角井倾倒废液造成环境功能性损失费用共计 57135.45 元。浮梁县湘湖镇洞口村村民委员会采取了新建饮水、洗衣码头工程等应急处置措施，产生应急处置费用 532860.11 元。检测鉴定费用共计 95670 元。

公益诉讼起诉人认为，因被告 A 公司生产叠氮化钠的蒸馏系统设备损坏，导致产生大量硫酸钠废液，该公司工作人员违法处置上述废液，造成浮梁县湘湖镇、寿安镇两地环境污染，严重破坏了生态环境，影响了浮梁县湘湖镇洞口村约 6.6 平方公里流域的环境，造成了 1000 余名群众饮用水困难。该行为对社会公共利益造成了损害，应承担相应侵权责任，故依法提起民事公益诉讼。

被告 A 公司辩称，对民事公益诉讼起诉书中的相关事实、鉴定结论没有异议，认可本案的全部事实。因其公司工作人员偷排工业废水，对浮梁县湘湖镇及寿安镇相关地方造成了环境污染深表歉意。其公司同意赔偿环境修复等费用，并在媒体上公开道歉。惩罚性赔偿因涉及民法典溯及力问题，请依法裁判。

公益诉讼起诉人浮梁县检察院围绕诉讼请求提交了以下证据：1. 江西省人民检察院关于 A 公司污染环境民事公益诉讼指定管辖一案的批复（赣检公益诉讼请示审受〔2020〕36000000001 号）、江西省人民检察院指定管辖决定书（赣检八部民公指管〔2020〕1号）、景德镇市人民检察院交办案件线索通知书（景检六部民公线交（转）〔2020〕1号）、浮梁县人民检察院立案决定书（浮检二部民公立〔2020〕2号）、公告，证明：浮梁县检察院经江西省人民检察院指定管辖，并于2020年7月1日立案后，依法公告督促相关主体提起诉讼，但公告期满没有适格主体提起公益诉讼，浮梁县检察院作为民事公益诉讼起诉人适格；2.营业执照，证明：被告A公司的主体身份；3.《关于浙江A化工有限公司年产30000吨叠氮化钠、1350吨四氮唑系列环境影响报告书》、江西省浮梁县人民法院（2019）赣0222刑初54号刑事判决书、江西省景德镇市中级人民法院（2020）赣02刑终33号刑事裁定书、《衢州市生态环境局行政处罚决定书》（衢环集罚字〔2019〕3号），证明：吴某甲未按照公司环境影响报告书的规定，于2018年3月3日至同年7月31日期间，以每吨200元的价格将被告公司生产的硫酸钠废液1124.1吨交由不具备废水处理资质的吴某乙处理。吴某乙在李某某、董某某、周某某等人分工配合下，将该废液倾倒在浮梁县寿安镇八角井和湘湖镇洞口村的荒山上；4.现场图、证人宁某某、饶某某的证言、江西景江安全环保技术有限公司检测报告、景德镇市环境监测站监测报告（景环监字JD2018207号）、江西中检联检测有限公司检测报告（Z201809023）、江西求实司法鉴定中心司法鉴定意见书（赣求司〔2018〕环鉴字第12001号）、江西求实司法鉴定中心环境损害鉴定意见书（赣求司〔2019〕环鉴字第03002号）、浮梁县水利局关于湘湖镇洞口村因A公司倾倒废液致水污染的情况说明，证明：在浮梁县寿安镇八角井和湘湖镇洞口村荒山上倾倒硫酸钠废液的行为造成了当地水体、土壤等生态环境污染，严重损害了社会公共利益；5.叶某某讯问笔录、吴某甲的供述与辩解、证明、叶某杰的证言，证明：因生产叠氮化钠的蒸馏设备损坏致大量的硫酸钠废液无法正常处理，为了不影响公司生产，被告A公司的法定代表人叶某某将该废液处置工作交给具有生产、环保职责的生产部经理吴某甲处理，并为其报销二次处理费用，吴某甲污染环境的行为应认定为职务行为，被告A公司应承担污染环境的侵权责任；6. 湘湖镇人民政府会议记录、洞口村洞口组饮水工程和江村组饮水、洗衣码头工程设计方案、招标文件、投标文件、评标报告书、中标通知书、《建设工程施工合同》、工程竣工验收材料、工程决算材料、发票、洞口村倾倒点示意图、现金付出凭证、发放明细表、江西求实司法鉴定中心司法鉴定意见书（赣求司〔2019〕环鉴字第05002号、05002－1号）二份、湘湖镇人民政府委托的技术服务合同、检测报告（JJHJ20180107）、结算业务申请书、发票、情况说明、景德镇市浮梁生态环境局委托的检测协议二份、购货合同一份、发票四份、情况说明二份，证明：湘湖镇洞口村村民委员会为防止硫酸钠废液造成湘湖镇洞口村环境损害扩大，紧急新建饮水工程、洗衣码头工程，并安排人员在污染地值守，被告A公司应承担采取该处置措施发生的饮水工程款458760.52元、洗衣码头工程款69399.59元，采取预防措施而发生的费用4700元、被污染地的生态修复费2168000元、环境功能性损失费用57135.45元、检测鉴定费95670元，共计2853665.56元。

被告A公司质证认为，对公益诉讼起诉人浮梁县检察院提出的证据均无异议。

针对诉辩双方举证质证意见，本院认定如下：因浮梁县检察院上述提交的证据来源合法，A公司质证均无异议，本院予以确认。

被告 A 公司无证据提交。

经审理查明：2018 年 3 月初，被告 A 公司生产叠氮化钠的蒸馏系统设备损坏，导致大量硫酸钠废液无法正常处理。该公司生产部经理吴某甲向公司法定代表人叶某某请示后，叶某某将硫酸钠废液处置一事交其处理。2018 年 3 月 3 日至同年 7 月 31 日期间，吴某甲将被告生产的硫酸钠废液交由无危险废物处置资质的吴某乙处理。在范某某部分押运、董某某和周某某带路的配合下，吴某乙雇请李某某将 30 车共计 1124.1 吨硫酸钠废液运输到浮梁县寿安镇八角井、浮梁县湘湖镇洞口村的山上倾倒，造成了浮梁县寿安镇八角井周边约 8.08 亩范围内的环境和浮梁县湘湖镇洞口村洞口组、江村组地表水、地下水受到了污染，影响了浮梁县湘湖镇洞口村约 6.6 平方公里流域的环境，妨碍了当地1000 余名居民饮用水安全。被告 A 公司为吴某甲报销了两次运输费。浮梁县湘湖镇洞口村村民委员会为防止侵害，雇请吴某某等 17 位村民晚上值守，于 2018 年 7 月 31 日支付工资等费用共计 4700 元。事故发生后，浮梁县湘湖镇洞口村村民委员会为解决饮用水问题，经过招投标紧急新建了洞口组饮水工程、江村组饮水工程和洗衣码头工程，支付工程款共计 528160.11 元。

2018 年 8 月 1 日，浮梁县湘湖镇人民政府委托江西景江安全环保技术有限公司对槽罐车排口和洞口村洞口组下游的水样进行检测，支付检测费 5500 元。原浮梁县环境保护局于 2018 年 9月 4 日、2018 年 10 月 24 日委托江西景江安全环保技术有限公司对浮梁县湘湖镇洞口村、浮梁县寿安镇八角井倾倒点的水质、土壤进行了检测，支付检测费 13170 元。2018 年 9 月，原浮梁县环境保护局委托景德镇益景环境监测有限公司对浮梁县湘湖镇洞口村、浮梁县寿安镇八角井进行环境监测，支付检测费 17000

元。同年 9 月 13 日，景德镇益景环境监测有限公司委托的江西中检联检测公司对自送废水样品进行了检测，并出具了检测报告。江西求实司法鉴定中心于 2019 年 1 月 16 日、4 月 10 日作出鉴定意见，认定浮梁县寿安镇八角井倾倒点的水体中存在叠氮化钠，且含量超标，对周边约 8.08 亩范围内环境造成污染。根据《国家危险废物名录》规定，检测水体中叠氮化钠为危险废物，类别为 HW02 医药废物，废物代码为 271 - 002 - 02。原浮梁县环境保护局支付鉴定费 60000 元。2019 年 7 月 15 日，江西求实司法鉴定中心对生态环境损害进行鉴定，评定浮梁县湘湖镇洞口村洞口组和寿安镇八角井倾倒点表层土壤均存在叠氮化钠污染，两部分环境损害已经发生，按照案发当时土壤修复所需花费，两处地块修复总费用为 2168000 元。2020 年 11 月 12 日，该鉴定中心对涉案倾倒点环境功能性损失费用进行补充鉴定，评定吴某乙、吴某甲、李某某、范某某、周某某、董某某六人在浮梁县湘湖镇洞口村洞口组和寿安镇八角井倾倒废液造成环境功能性损失费用共计 57135.45 元。

另查明，吴某乙、吴某甲、李某某、董某某、周某某、范某某犯环境污染罪被判处六年六个月至三年二个月不等的有期徒刑。

本院结合浮梁县检察院、A 公司诉辩意见，归纳本案争议焦点为：一、本案适用《中华人民共和国民法典》的时间效力问题；二、要求被告承担环境惩罚性赔偿的标准问题。

一、关于本案适用《中华人民共和国民法典》的时间效力问题

至本案审理期间，涉案倾倒废液行为所致的环境污染并未得到修复，损害后果仍在持续，适用《中华人民共和国民法典》

的相关规定更有利于保护生态环境，更有利于维护社会公共秩序、公共利益，更有利于弘扬和谐、文明等社会主义核心价值观，符合《最高人民法院关于适用〈中华人民共和国民法典〉时间效力的若干规定》第二条规定的溯及情形。公益诉讼起诉人浮梁县检察院增加的诉讼请求，于法有据，本院予以准许。

被告A公司的生产部经理吴某甲将公司生产的硫酸钠废液交由无危险废物处置资质的吴某乙处理，放任污染环境危害结果的发生，主观上存在故意，客观上违反了法律规定，已被生效判决认定为污染环境的犯罪行为。涉案倾倒废液行为造成了浮梁县寿安镇八角井周边约8.08亩范围内的环境受到污染，影响到浮梁县湘湖镇洞口村约6.6平方公里流域的环境，妨碍了当地1000余名居民饮用水安全，浮梁县寿安镇八角井、湘湖镇洞口村两处倾倒点的环境修复费用、环境功能性损失等达数百万元，该行为直接污染了环境，损害了社会公共利益，造成严重后果，符合《中华人民共和国民法典》第一千二百三十二条规定的环境侵权惩罚性赔偿适用条件。被告A公司亦同意承担环境污染修复、环境功能性损失、惩罚性赔偿等费用，在国家生态环境保护日益加强、司法实践不断累积的基础上适用《中华人民共和国民法典》第一千二百三十二条环境侵权惩罚性赔偿的规定，不会背离其合理预期、明显减损其合法权益、增加其法定义务，实际更为契合《中华人民共和国民法典》保护环境的宗旨和本义。

二、关于要求被告承担环境惩罚性赔偿的标准问题

浮梁县湘湖镇洞口村洞口组的废液倾倒点紧邻洞口村水源地，基于地势地貌特点，该倾倒处的山体承担着水源涵养等重要生态功能。因污染环境事故发生，导致当地水体、土壤等环境向

公众或者其他生态系统提供服务的功能减损，损害了社会公众本应享有的环境权益，将环境功能性损失费用作为确定惩罚性赔偿的标准，更能体现民事公益诉讼维护社会公共利益的宗旨。被告A公司对于环境污染的发生虽有责任，但事后认错态度好并积极赔偿，参照环境功能性损失费用确定惩罚性赔偿更为符合过罚相当的法律原则。

《中华人民共和国消费者权益保护法》《中华人民共和国食品安全法》等法律规定，以所受损失的一至三倍确定惩罚性赔偿的数额。公共环境与消费者权益、食品安全、产品责任等均关系到社会公共利益，故环境惩罚性赔偿在该幅度内不会超出当事人的合理预期。为了用最严格的制度、最严密的法治来保护公共环境，并综合被告A公司的过失程度、赔偿态度、损害后果、承担责任的经济能力、受到行政处罚等因素，本院认为，被告A公司按照环境功能性损失费用的三倍承担环境污染惩罚性赔偿171406.35元，于法有据，与理相合，本院予以支持。

本院认为，被告A公司生产叠氮化钠的蒸馏系统设备损坏后，该公司生产部经理吴某甲为了生产需要处理硫酸钠废液。在处理前，经向公司法定代表人叶某某请示，叶某某同意将硫酸钠废液处置一事交由其处理。在处理该废液的过程中，被告A公司为其报销了两次运输费用。吴某甲处理硫酸钠废液的行为应认定为执行工作任务的行为。该职务行为与吴某乙、李某某、范某某、董某某、周某某的行为直接结合，导致1124.1吨硫酸钠废液被运输到浮梁县寿安镇八角井、浮梁县湘湖镇洞口村的山上倾倒，造成当地水体、土壤等环境受到污染的严重后果。涉案倾倒污染环境事故发生后，环境损害鉴定机构作出鉴定意见，评定浮梁县湘湖镇洞口村洞口组和寿安镇八角井倾倒点两处地块修复总费用 2168000 元、环境功能性损失费用 57135.45 元。另环境检测鉴定机构对浮梁县湘湖镇洞口村、寿安镇八角井倾倒点周边的水质、土壤等进行了相关检测鉴定，产生了检测鉴定费用 95670 元。依照《最高人民法院关于审理环境民事公益诉讼案件适用法律若干问题的解释》第二十条第二款、第二十一条、第二十二条对承担生态环境修复费用、赔偿生态环境功能性损失及承担检测、鉴定费用的规定，被告 A 公司应承担上述损失和费用。在发现涉案倾倒废液后，浮梁县湘湖镇洞口村村民委员会雇请村民晚上值守，支付工资等费用 4700 元。为解决当地村民饮用水问题，紧急新建了饮水工程、洗衣码头工程，支付工程款 528160.11 元。以上两项合计 532860.11 元。浮梁县湘湖镇洞口村村民委员会为防止生态环境损害再发生、排除环境污染造成的妨碍，采取人工值守、异地代替等预防、处置措施合理，被告 A 公司同意赔偿。该费用的承担亦符合《最高人民法院关于审理环境民事公益诉讼案件适用法律若干问题的解释》第十九条第二款的规定，为避免当事人诉累，在被告 A 公司赔偿到位后依法支付给浮梁县湘湖镇洞口村村民委员会。同时，本院认为，被告 A 公司工作人员污染环境的行为，侵害了社会公众的生态环境权益，应当向社会公众赔礼道歉。依照《最高人民法院关于审理环境民事公益诉讼案件适用法律若干问题的解释》第十八条承担污染环境民事责任的规定，赔偿损失与赔礼道歉两种侵权责任的承担方式可以合并适用，对公益诉讼起诉人浮梁县检察院要求被告 A 公司对本次违法倾倒硫酸钠废液的行为在国家级新闻媒体上向社会公众赔礼道歉的诉讼请求，予以支持。

"绿水青山就是金山银山。"生态文明建设关系到人民群众的生命健康，关系到中华民族永续发展。良好生态环境是最普惠的民生福祉，必须用最严格的制度、最严密的法治来保护。在生态文明的进程中，污染环境行为将破坏生态文明的推进，动摇人类赖以生存发展的根基。被告 A 公司作为吴某甲的用人单位，生态环境保护意识淡薄，责任意识缺乏，案涉倾倒废液行为造成了社会公共利益受到严重损害的后果，其应当引以为戒，规范生产，防范污染。在环境污染事故发生后，被告 A 公司愿意赔偿生态修复费用、环境功能损失费用、环境污染惩罚性赔偿等，其公司真诚悔过，主动担责，深刻认识到了污染环境的危害，对此本院予以认可。生态兴则文明兴，生态衰则文明衰。本判决旨在教育社会公众提升环境意识，树立生态文明理念，践行绿色低碳生活方式，不断增强生态环境保护的责任感和使命感，努力建成生态环境优良的美丽中国。

综上，本院认为，因污染环境造成他人损害的，侵权人应当承担侵权责任。依照《中华人民共和国民法典》第一百二十条、第一百七十九条、第一千一百九十一条第一款、第一千二百二十九条、第一千二百三十二条，《中华人民共和国环境保护法》第六条第三款、第四十八条，《最高人民法院关于审理环境民事公益诉讼案件适用法律若干问题的解释》第十八条、第十九条、第二十条第二款、第二十一条、第二十二条，《最高人民法院、最高人民检察院关于检察公益诉讼案件适用法律若干问题的解释》第十三条第一款、第二款、第二十六条，《中华人民共和国民事诉讼法》第五十五条、第六十四条第一款、第一百四十二条之规定，判决如下：

一、被告浙江 A 化工集团有限公司于本判决生效之日起十日内赔偿环境修复费用 2168000 元、环境功能性损失费用 57135.45 元、应急处置费用 532860.11 元、检测鉴定费用 95670 元，并承担环境污染惩罚性赔偿 171406.35 元，以上共计 3025071.91 元。

二、被告浙江 A 化工集团有限公司于本判决生效之日起三十日内对违法倾倒硫酸钠废液污染环境的行为在国家级新闻媒体上向社会公众赔礼道歉（赔礼道歉内容需经本院审核确认）。

如未按本判决指定的期间履行给付金钱义务，应当依照《中华人民共和国民事诉讼法》第二百五十三条规定，加倍支付迟延履行期间的债务利息。

案件受理费 31000 元，由被告浙江 A 化工集团有限公司负担。

如不服本判决，可在判决书送达之日起十五日内，向本院递交上诉状，并按照对方当事人或者代表人的人数提出副本，上诉于江西省景德镇市中级人民法院。

审　判　长　　黄奕华

审　判　员　　冯全镇

审　判　员　　但　娟

人民陪审员　　汪秀清

人民陪审员　　杨尚才

人民陪审员　　姚永安

人民陪审员　　陈爱兰

二〇二一年一月四日

代书记员　　许　菁

山东省淄博市人民检察院对 A 发展基金会诉 B 石油化工有限公司、C 化工有限公司民事公益诉讼检察监督案

（检例第 165 号）

关键词

社会组织提起公益诉讼　和解协议　调查核实　书面异议

要旨

人民检察院发布民事公益诉讼诉前公告后，社会组织提起民事公益诉讼的，人民检察院应当继续履行法律监督机关和公共利益代表职责。发现社会组织与侵权人达成和解协议，可能损害社会公共利益的，人民检察院应当依法开展调查核实，在人民法院公告期限内提出书面异议。人民法院不采纳书面异议而出具调解书，可能损害社会公共利益的，人民检察院应当依法提出抗诉或者再审检察建议。

基本案情

2014 年 4 月至 9 月，B 石油化工有限公司（住所地山东省寿光市，以下简称 B 石化公司）、C 化工有限公司（住所地山东省高密市，以下简称 C 化工公司）分别将 125 车 5107.1 吨、70 车 2107.2 吨废硫酸交由不具有危险废物处置资质的个人，违法倾倒至山东省淄博市淄川区岭子镇台头崖村附近废弃煤井和渗坑中，造成严重环境污染。2017 年 3 月 1 日，淄博市淄川区人民检察院以被告单位 B 石化公司、C 化工公司、被告人刘某等 14 人犯污染环境罪向淄博市淄川区人民法院提起公诉。2020 年 3 月 23 日，淄博市淄川区人民法院判决两被告企业犯污染环境罪，分别判处罚金 1000 万元、600 万元，其他被告人被依法判处有期徒刑一年十个月至六年十个月不等，并处罚金 2 万元至 45 万元不等。

淄博市淄川区人民检察院在办理上述刑事案件中发现 B 石化公司、C 化工公司等污染环境的行为已严重损害社会公共利益，依法于 2018 年 1 月 26 日将该公益诉讼案件线索移送淄博市人民检察院（以下简称淄博市院）。2018 年 3 月 20 日，淄博市院依法立案并发布民事公益诉讼诉前公告。2018 年 4 月，A 发展基金会向淄博市中级人民法院提起民事公益诉讼，请求两被告企业承担环境侵权责任，具体赔偿生态环境损害费用以鉴定或评估报告为准，未请求其他侵权人承担环境侵权责任。

经淄博市环境保护局淄川分局委托，山东省环境保护科学研究设计院于 2017 年 8 月出具检验报告，评估被污染场地的生态环境损害费用为 14474.18 万元。2019 年 12 月，淄博市中级人民法院根据淄博市公安局淄川分局查明的事实及上述检验报告，鉴于涉案环境污染系两被告以及河北省三家单位倾倒废硫酸共同造成，综合考量两被告非法倾倒污染物的数量及生态环境恢复的难易程度、防治污染设备的运行成本、被告因侵害行为获得的利益以及过错程度等因素，作出一审判决：两被告因非法倾倒造成案涉地环境污染，应承担生态环境修复费用和生态环境服务功能损失费，由 B 石化公司承担生态损害赔偿金 6000 万元，由 C 化工公司承担生态损害赔偿金 3000 万元，分别支付至山东省生态环境损害赔偿资金账户。

B 石化公司不服一审判决，上诉至山东省高级人民法院。二审期间，A 发展基金会、B 石化公司、C 化工公司三方达成和解协议：A 发展基金会同意 B 石化公司、C 化工公司在分别承担 6000 万元和 3000 万元生态损害赔偿金范围内自行修复所损害的生态环境。如按照修复方案完成修复工作，A 发展基金会不再要求 B 石化公司、C 化工公司承担生态损害赔偿金等。三方当事人请求法院对和解协议效力予以确认，2020 年 10 月 9 日，山东省高级人民法院对该和解协议予以公告。

检察机关履职过程

淄博市院在和解协议公告期间得知协议内容，认为该和解协议未达到有效修复受损生态环境的目的，如被法院司法确认，社会公共利益可能受到严重损害，遂向山东省人民检察院报告。山东省人民检察院经审查，确定了"调查核实、提出异议、跟进监督"的工作指导意见。

检察机关通过向生态环境部门调取《山东省生态环境损害修复效果后评估工作办法》等文件资料，对被污染地进行现场勘验，询问当地村民，就环境修复问题咨询专业机构意见等方式调查取证，初步证明被污染地一直未修复，和解协议可能无法实现修复目的，损害社会公共利益。

检察机关会同市、区两级生态环境部门召开专家论证会，委托山东大学、山东省环境保护科学研究设计院等单位环保领域专家实地查看被污染现场，就和解协议实质内容、修复可行性、是否违反法律规定以及是否足以保护公共利益等进行论证。专家意见认为，和解协议在未对被污染地是否具有实际修复可行性论证的前提下，随意约定侵权人自行修复受损环境，并约定侵权人完成自行修复后不再承担生态损害赔偿金，缺乏第三方有效参与和监督，从程序上不足以保证社会公共利益切实得到应有保护。

经调查核实，检察机关认为和解协议不能确保受损生态环境得到有效修复，将损害社会公共利益。一方面，受损环境是否具有实际修复的可行性应在调查论证的基础上确定，不能由和解协议随意约定。山东省环境保护科学研究设计院出具的《淄川区岭子镇台头崖村污染环境案环境损害检验报告》证明，本案污染现场的环境损害范围已无法准确估算。A发展基金会与两涉案企业约定企业自行修复受损环境，不再承担生态环境损害赔偿金，可能损害社会公共利益。另一方面，案发6年多来，两涉案企业始终未出具任何修复方案，也未实际承担任何其他损害赔偿责任。和解协议未确定环境修复方案，由地处外地的侵权企业自行修复受损环境，缺乏当地环境保护部门和被污染地村民等第三方有效参与和监管，修复时间（协议约定5年内完成修复）和修复效果无法保证。

2020年11月9日，根据《最高人民法院关于审理环境公益诉讼案件的工作规范（试行）》第二十九条的规定，淄博市院会同淄博市生态环境局向山东省高级人民法院提出书面异议，指出和解协议内容达不到使受损生态环境得到有效修复的目的，可能损害社会公共利益，法院依法不应据此出具调解书；并将专家论证意见、走访当地村民以及政府工作人员调查笔录、生态环境损害结果地所在村村委会诉求书、相关刑事判决书等证据提交山东省高级人民法院。

山东省高级人民法院经审查认为，淄博市人民检察院和淄博市生态环境局在和解协议公告期间提出异议，故对和解协议效力不予确认。2020 年 12 月 10 日依法作出民事判决，认为原审判决认定事实清楚，适用法律正确，B 石化公司的上诉请求不能成立，不予支持，判决：驳回上诉，维持一审判决。

判决生效后，检察机关督促法院加大执行力度，并主动对接生态环境和财政部门，对已执行到账的生态环境损害赔偿金使用跟进监督，确保用于修复受损的生态环境。

指导意义

对于检察机关依法立案的民事公益诉讼案件，社会组织在公告期间提起民事公益诉讼的，检察机关应当继续关注，并依法履行法律监督机关和公共利益代表的相应职责。根据《最高人民法院、最高人民检察院关于检察公益诉讼案件适用法律若干问题的解释》① 第二条规定："人民法院、人民检察院办理公益诉讼案件主要任务是充分发挥司法审判、法律监督职能作用，维护宪法法律权威，维护社会公平正义，维护国家利益和社会公共利

---

① 此处是指 2018 年施行的《最高人民法院、最高人民检察院关于检察公益诉讼案件适用法律若干问题的解释》，下同。——编者注

益，督促适格主体依法行使公益诉权，促进依法行政、严格执法。"对于社会组织依法提起民事公益诉讼的，检察机关可以督促其依法行使公益诉权。对损害后果严重、社会影响较大、社会组织诉讼能力较弱等情形，检察机关可以采取提供法律咨询、向人民法院提交支持起诉意见书、协助调查取证、派员出席法庭等方式支持起诉。对于社会组织和侵权人达成和解协议的，检察机关应从合法性、可行性、有效性等方面进行审查，对可能损害社会公共利益的，在协议公告期间届满前发现的，应当向人民法院提出书面异议。人民法院未采纳检察机关提出的书面异议而出具调解书，可能损害社会公共利益的，检察机关应当依法提出抗诉或者再审检察建议；在协议生效后发现的，应当依职权主动开展监督。

相关规定

《中华人民共和国民事诉讼法》（2017 年修正）第五十五条第二款、第二百零八条（现为 2021 年修正后的第五十八条第二款、第二百一十五条）

《最高人民法院关于适用〈中华人民共和国民事诉讼法〉的解释》（2015 年施行）第二百八十九条（现为 2022 年修正后的第二百八十七条）

《最高人民法院、最高人民检察院关于检察公益诉讼案件适用法律若干问题的解释》（2018 年施行）第二条（现为 2020 年修正后的第二条）

《最高人民法院关于审理环境民事公益诉讼案件适用法律若干问题的解释》（2015 年施行）第十一条、第二十五条（现为

2020 年修正后的第十一条、第二十五条）

《人民检察院公益诉讼办案规则》（2021 年施行）第九条、第二十八条、第一百零一条、第一百零二条、第一百零三条

《最高人民法院关于审理环境公益诉讼案件的工作规范（试行）》（2017 年施行）第二十八条、第二十九条

附：

山东省淄博市中级人民法院
民事判决书

（2018）鲁03民初92号

原告：A基金会，住所地为北京市崇文区

法定代表人：谢某某，理事长

委托诉讼代理人：张某，该基金会职工

被告：B石油化工有限公司，住所地为山东省潍坊市寿光市侯镇项目区

法定代表人：陈某某，董事长

委托诉讼代理人：鞠某，山东齐法律师事务所律师

被告：C化工有限公司，住所地为山东省潍坊市高密市昌安大道

法定代表人：万某，董事长

委托诉讼代理人；张某某，山东子伦律师事务所律师

原告A基金会与被告B石油化工有限公司、被告C化工有限公司环境污染责任纠纷一案，本院于2018年4月20日立案后，依法适用普通程序。于2019年12月10日公开开庭进行了审理。原告A基金会的委托诉讼代理人张某。被告B石油化工

— 136 —

有限公司的委托诉讼代理人鞠某、被告 C 化工有限公司的委托诉讼代理人张某某到庭参加诉讼。本案现已审理终结。

A 基金会向本院提出诉讼请求：1. 判令被告清除非法倾倒于淄博某油脂有限公司院废井及沟坑中以及其他地方的污染物；2. 判令被告及时修复因非法倾倒而被污染的土壤和地下水，或者承担修复费用以及其他相关费用（具体费用以鉴定或评估报告为准）；3. 判令被告赔偿自污染开始至修复完成之日，该期间破坏生态服务功能所造成的各项损失（具体损失数额以鉴定或评估报告为准）；4. 判令被告承担本案所有诉讼费、保全费、检验、鉴定、评估费及律师费用、差旅费等原告为此案已经支出和必须支出的所有费用。事实和理由：2014 年 6 月至 2014 年 9 月期间，被告 B 石油化工有限公司违反国家关于危险废物处置的规定，安排其员工将生产过程中产生的 5800 余吨有毒性和腐蚀性废酸类危险废物运出，在未经合法处置的前提下，非法倾倒于淄博某油脂有限公司院废井及沟坑中污染物及非法倾倒在其他地方的污染物，从而对土壤及地下水造成了严重污染和生态环境的破坏。2014 年 4 月至 2014 年 9 月，被告 C 化工有限公司违反国家关于危险废物处置的规定，安排其员工将生产过程中产生的 2100 余万吨有毒性和腐蚀性的废酸类危险废物运出，在未经合法处置的前提下，非法倾倒于淄博某油脂有限公司院废井及沟坑中污染物及非法倾倒在其他地方的污染物，从而对土壤及地下水造成了严重污染和生态环境的破坏。两被告以上行为对倾倒区域的生态环境造成了严重的污染和破坏，进而危害到社会公众的环境权益，依法应承担法律责任。

依据《中华人民共和国民事诉讼法》① 第五十五条、第一百一十九条,《中华人民共和国环境保护法》第五十八条、《最高人民法院关于审理环境民事公益诉讼案件适用法律若干问题的解释》② 第一条等规定,原告是适格主体,特向贵院提起诉讼。被告 B 石油化工有限公司辩称,请求法院在公平公正的基础上准确划分各方责任。首先请法院审查原告是否具有诉讼主体资格,具体答辩意见如下:一、与本事件有关的刑事部分尚未审结,本案应当中止,待刑事判决生效后根据事实和证据再行审理,作出公正的判决。与本案有关的证据均在刑事案件中保存,目前没有生效刑事判决对本案事实、各方责任进行划分界定,本案事实没有查清,没有证据证明答辩人应当承担何种责任及承担责任的比例、费用是多少等。二、本案遗漏必要的应当承担法律责任的被告。1. 投放酸性废液的废井的所有权人系淄博某油脂有限公司,其同意将酸性废液倾倒于该公司院内废井内。按照法律规定,该公同应当承担修复及赔偿等责任。2. 往淄博某油脂有限公司院内废井倾倒废液的还有河北省霸州市某制管厂、会某冷轧带钢厂、某金属制品有限公司三家单位,依照法律规定,这三家单位应当承担修复及赔偿等责任。3. 刘某昌、刘某德、刘某钧、高某军、齐某、单某永、路某林、单某江、王某亮、王某钦、李某等人排放、倾倒或者处置有毒物质,对环境造成污染,按法律规定,个人也应当承担相应的修复及赔偿责任。三、答辩人的行为与生态环境损害之间没有关联性。答辩人在废硫酸处理上主观上没有非法倾倒的故意,客观上进行了合理的审查、履行了一定的程序,

---

① 此处是指 2017 年修正的《民事诉讼法》,下同。——编者注
② 此处是指 2015 年施行的《最高人民法院关于审理环境民事公益诉讼案件适用法律若干问题的解释》,下同。——编者注

尽到了注意义务。单某永系潍坊某化工有限公司的负责人,以生产需要废酸颜料为由,向答辩人提供企业法人登记、危险化学品运输、经营许可等资质,与答辩人签订《废硫酸外运协议》等。事后单某永对废硫酸进行任意非法处置,系其个人行为。答辩人没有实施故意非法倾倒行为,与生态环境损害之间没有关联性。

四、环境污染以修复生态环境为主,赔偿损失为辅。2019 年 6 月 5 日施行的《最高人民法院关于审理生态环境损害赔偿案件的若干规定(试行)》第十一条规定,被告违反法律法规污染环境、破坏生态的,人民法院应当根据原告的诉讼请求以及具体案情,合理判决被告承担修复生态环境、赔偿损失等民事责任。第十二条规定,受损生态环境能够修复的,人民法院应当依法判决被告承担修复责任。因此,根据规定,环境损害应当以修复为主。

五、答辩人已向淄博公安机关缴纳环境污染处置费 1500 万元,罚款 500 万元。如果判决答辩人承担责任,应当予以扣减。

C 化工有限公司辩称:一、原告理应首先提供证据证明其是有权提起本案环境公益诉讼的社会组织,否则其无权提起本案诉讼。二、原告没有任何客观证据证明答辩人曾于 2014 年 4 月份至 2014 年 9 月份期间向淄博某油脂有限公司院内废井及沟坑中倾倒过废酸类废物,因此无论涉案地点是否存在污染均与答辩人无关。根据《最高人民法院关于审理生态环境损害赔偿案件的若干规定(试行)》第六条之规定,原告要求答辩人承担生态环境损害赔偿责任,首先需证明答辩人实施了污染环境、破坏生态的行为或者具有其他应当依法承担责任的情形,但在本案中,原告自始至终未提供任何客观证据证明答辩人实施了污染环境、破坏生态的行为,且事实上,答辩人从未向涉案地点排放过废酸类废物。根据法律规定,答辩人无违法行为或侵权行为即无危害结果，因此原告要求被告承担涉案地点的环境损害赔偿责任无事实及法律依据。三、本案的审理依赖于淄博市淄川区人民检察院对答辩人指控的污染环境罪一案的审理，在上述刑事案件尚未审结完毕，法律文书尚未生效前，原告无权要求被告承担相应的赔偿责任。无论是原告获得涉案地点的环境污染事宜还是原告欲向法院提供的证据材料均来源于淄博市淄川区人民检察院对答辩人指控的污染环境罪一案，在上述刑事案件中，答辩人一直主张的是无罪辩护，且该案件已被淄博市中级人民法院以案件部分事实认定不清、证据不足发回淄博市淄川区人民法院重新审理。因此在上述刑事案件未作出判决且生效前，原告没有任何客观证据证明答辩人实施了侵权或违法行为。四、造成案涉地点污染情况存在的违法行为人或侵权人并不仅仅是本案的两被告，原告起诉时，遗漏了对其他共同侵权人的起诉，遗漏了必须参加共同诉讼的当事人，因此本案理应追加其他侵权人和违法行为人为本案被告。综上所述，请求一审法院在查明案件事实的基础上，依法中止本案的审理或者驳回原告对答辩人的起诉。

原告申请法院调取两被告涉及污染环境罪一案的卷宗及证据材料、鉴定报告、询问笔录等证据，因刑事案件尚未结案，本院只调取到山东省环境保护科学研究院环境风险与污染损害鉴定评估中心出具的《淄川区岭子镇台头崖村污染环境案环境损害检验报告》，原告对该证据真实性无异议，被告 B 石油化工有限公司对证据真实性无异议，但认为该报告不完整且是非法证据，在刑事辩护时主张予以排除。被告 C 化工有限公司对证据真实性、关联性、合法性均不予认可。对上述证据本院认定如下：该证据系本院从淄川区人民法院调取，该报告也是淄博市环境保护局淄川分局委托有资质的机构作出，被告虽提出异议，但无相反证据提交，故本院确认该证据的证明效力。

根据原告陈述和经审查确认的证据，本院认定事实如下：2014 年 9 月，按群众举报，淄博市公安局淄川分局对福川区岭子镇台头崖村的淄博某油脂有限公司进行检查，发现院内放置着存有废酸液的玻璃钢罐，该公司已于 2011 年注销营业执照，目前无任何手续。

淄博市公安局淄川分局直属大队继续侦查发现：自 2014 年 4 月起，公司负责人将后院对外出租，并协助承租人将废硫酸和废盐酸非法倾倒至院东北侧渗坑和南侧废弃煤井；其中废硫酸来自 B 石油化工有限公司和 C 化工有限公司，净重分别为 5107.1 吨和 2107.2 吨；废盐酸来自河北省霸州市的某制管厂、会某冷轧带钢厂和某金属制品有限公司，合计净重 444 吨。2016 年 3 月犯罪嫌疑人私自将渗坑及废弃煤井填平。2017 年 6 月 2 日，淄博市环境保护局淄川分局正式委托山东省环境保护科学研究设计院环境风险与污染损害鉴定评估中心对淄川区岭子镇台头崖村污染环境案进行环境损害鉴定评估。该中心组织鉴定评估人员对淄川区岭子镇台头崖村污染环境案进行了分析研究，通过现场调查、资料收集、材料分析等，详细了解案件的经过，依据《环境损害鉴定评估推荐方法（第 I 版）》、《生态环境损害鉴定评估技术指南总纲》、《生态环境损害鉴定评估技术指南损害调查》等技术文件确定评估方法，对污染场地进行必要的取样、检测和分析，评估淄川区岭子镇台头崖村污染环境案造成的环境损害、损害范围与程度，分类进行损害评估，确定损害费用，并出具鉴定评估意见：1. 根据委托方及相关单位提供的资料和《国家危险废物名录》（2016 版），淄川区岭子镇台头崖村污染环境案中来自 B 石油化工有限公司和 C 化工有限公司的废硫酸应当认定为 HW34 类和 HW9 类危险废物；来自河北省霸州市的某制管厂、会某冷轧带钢厂和某金属制品有限公司的废盐酸应归类于 HW17 类危险废物。根据最高人民法院、最高人民检察院《关于办理环境污染刑事案件适用法律若干问题的解释》（法释〔2016〕29 号）第十五条中的规定，危险废物应当认定为"有毒物质"，因此上述废硫酸和废盐酸均应当认定为有毒物质。2. 根据委托方及相关单位提供的资料，本案中来自 B 石油化工有限公司的废硫酸能明确查证的车数为 125 车，合计净重 5107.1 吨；来自 C 化工有限公司的废硫酸能明确查证的车数为 70 车，合计净重 2107.2 吨；来自河北省霸州市的某制管厂、会某冷轧带钢厂和某金属制品有限公司的废盐酸能明确查证的车数为 12 车，合计净重 444 吨。上述废酸液均被犯罪嫌疑人倾倒至淄川区岭子镇台头崖村淄博某油脂有限公司院内的渗坑和废弃煤井中。3. 2016 年 5 月 23 日，淄博市淄川区岭子镇人民政府对污染场地进行应急处置，其中渗坑中挖出土方至少 336 立方米。根据样品检测结果，结合现场勘查及相关案例，该渗坑中挖掘出的土壤具有浸出毒性危险特性，建议参照危险废物进行管理：渗坑底部受污染的土壤修复深度建议取 1 米，体积约为 96 立方米。4. 根据委托方及相关单位提供的资料，淄川区岭子镇台头崖村污染环境案中废弃煤井立井深度 67 米、开东西走向 30 米、又开南下山 18°的 30 米再开东平巷约 40 米西平巷的 30 米。根据以往案例经验，废酸液应主要集中废弃煤井中的最底部区域，会通过腐蚀、渗透等作用对煤井周边土壤、地层及地下水形成污染。污染场地位于淄博市磁村岭子水源地准保护区范围内。根据污染场地及周边地下水检测结果。位于污染场地上水向的岭子村水源地水井、河洼村水源地水井、磁村水井和水利站水井的特征污染物均可以满足相应的地下水环境质量标准或生活饮用水卫生标准：位于污染场地下水向的河洼煤井涌水和石牛埠村水井的部分特征污染物检测值不同程度的超相应标准，从检测结果来看，截止到采样时，本案中的废酸倾倒事件暂未对上水向的饮用水源地集中供水井造成污染，但可能已对污染场地下水向地下水造成影响。5. 根据《环境损害鉴定评估推荐方法（第Ⅰ版）》和《突发环境事件应急处置阶段环境损害评估推荐方法》，对淄川区岭子镇台头崖村污染环境案，本次评估可量化的环境损害费用为污染场地中渗坑与废弃煤井的生态环境损害费用 14474.18 万元。淄川区岭子镇台头崖村污染环境案可量化的环境损害费用总计为 14474.18 万元。处置建议：渗坑中挖掘出的土壤具有浸出毒性危险特性，建议参照危险废物按照《国家危险废物名录》（2016 版）相关要求进行转移处置，处置费用包含在生态环境损害费用 14474.18 万元中。渗坑底部仍有至少 1 米深的土壤受到污染，需要进行污染修复治理，建议采用属于化学修复法的土壤淋洗法进行修复，修复费用包含在生态环境损害费用 14474.18 万元中。

本院认为，《中华人民共和国环境保护法》第五十八条规定："对污染环境、破坏生态，损害社会公共利益的行为，符合下列条件的社会组织可以向人民法院提起诉讼：（一）依法在设区的市级以上人民政府民政部门登记；（二）专门从事环境保护公益活动连续五年以上且无违法记录。符合前款规定的社会组织向人民法院提起诉讼，人民法院应当依法受理。"本案中，结合原告提交的基金会章程、法人登记证书、无违法记录声明、年度报告显示，原告是在中华人民共和国民政部登记的基金会法人，其在提起本案公益诉讼前五年年检合格，且原告提交了五年内未因从事业务活动违反法律、法规的规定而受到行政、刑事处罚的无违法记录声明。据此，原告符合《环境保护法》第五十八条、环境公益诉讼司法解释对提起环境公益诉讼社会组织的要求，具备提起环境民事公益诉讼的主体资格。《最高人民法院关于审理环境民事公益诉讼案件适用法律若干问题的解释》第十八条规定：对污染环境、破坏生态，已经损害社会公共利益或者具有损害社会公共利益重大风险的行为，原告可以请求被告承担停止侵害、排除妨碍、消除危险、恢复原状、赔偿损失、赔礼道歉等民事责任。第二十条规定：原告请求恢复原状的，人民法院可以依法判决被告将生态环境修复到损害发生之前的状态和功能。无法完全修复的，可以准许采用替代性修复方式。人民法院可以在判决被告修复生态环境的同时，确定被告不履行修复义务时应承担的生态环境修复费用；也可以直接判决被告承担生态环境修复费用。生态环境修复费用包括制定及实施修复方案的费用和监测、监管等费用。第二十三条规定：生态环境修复费用难以确定或者确定具体数额所需鉴定费用明显过高的，人民法院可以结合污染环境、破坏生态的范围和程度、生态环境的稀缺性、生态环境恢复的难易程度、防治污染设备的运行成本、被告因侵害行为所获得的利益以及过错程度等因素，并可以参考负有环境保护监督管理职责的部门的意见、专家意见等，予以合理确定。《最高人民法院关于审理环境侵权责任纠纷案件适用法律若干问题的解释》[①] 第十条规定：负有环境保护监督管理职责的部门或者其委托的机构出具的环境污染事件调查报告、检验报告、检测报告、评估报告或者监测数据等，经当事人质证，可以作为认定案件事

---

① 此处是指 2015 年施行的《最高人民法院关于审理环境侵权责任纠纷案件适用法律若干问题的解释》，下同。——编者注

实的根据。本案中，根据淄博市公安局淄川分局查明的事实及淄博市环境保护局淄川分局委托的机构出具的检验报告，两被告将废硫酸非法倾倒至淄川区岭子镇台头崖村淄博某油脂有限公司院内的渗坑和废弃煤井中，查证的车数分别为 125 车和 70 车，净重分别为 5107.1 吨和 2107.2 吨，并有来自河北省霸州市的某制管厂、会某冷轧带钢厂和某金属制品有限公司倾倒废盐酸车数为 12 车，合计净重 444 吨，最终评估环境损害费用为污染场地中渗坑与废弃煤井的生态环境损害费用 14474.18 万元，土壤处置费用、渗坑修复费用包含在该生态环境损害费用中。原告要求两被告清除非法倾倒于淄博某油脂有限公司院内废井、沟坑内的污染物，因考虑到已造成的污染土壤的浸出毒性危险特性，需要对挖掘出的土壤进行转移处置，且该处置费用已包含在生态环境损害费用中，故该污染物需由各级政府或其指定部门、机构组织开展转移处理，而不需两被告清除。涉案环境污染系两被告倾倒废硫酸和河北三家单位倾倒废盐酸共同造成，综合考量两被告倾倒污染物的数量、吨数及生态环境恢复的难易程度、防治污染设备的运行成本、被告因侵害行为所获得的利益以及过错程度等因素，对本案中生态环境修复费用、生态环境受到损害至恢复原状期间服务功能损失费用，本院酌情确定为被告 B 石油化工有限公司承担 6000 万元，被告 C 化工有限公司承担 3000 万元，分别于判决生效后十日内支付至山东省生态环境损害赔偿资金账户。

综上所述，两被告因非法倾倒造成涉案地环境污染，事实清楚，证据充分。原告要求两被告承担修复费用的相关主张，于法有据。依照《中华人民共和国侵权责任法》① 第六十五条、《最

---

① 此处是指 2010 年施行的《侵权责任法》，下同。——编者注

高人民法院关于审理环境民事公益诉讼案件适用法律若干问题的解释》第十八条、第二十条、第二十三条，《最高人民法院关于审理环境侵权责任纠纷案件适用法律若干问题的解释》第十条，《中华人民共和国民事诉讼法》第五十五条规定，判决如下：

由 B 石油化工有限公司在本判决生效后十日内将生态损害赔偿款 6000 万元，由 C 化工有限公司在本判决生效后十日内将生态损害赔偿款 3000 万元，分别支付至山东省生态环境损害赔偿资金账户。

如果未按照本判决指定的期间履行给付金钱义务，应当依照《中华人民共和国民事诉讼法》第二百五十三条规定，加倍支付迟延履行期间的债务利息。

案件受理费 533600 元，由 B 石油化工有限公司负担 341800 元，由 C 化工有限公司负担 191800 元。

如不服本判决，可以在判决书送达之日起十五日内，向本院递交上诉状，并按照对方当事人或者代表人的人数提出副本，上诉于山东省高级人民法院。

审 判 长 郭东辉
人民陪审员 田秀峰
人民陪审员 邹玉凤
人民陪审员 李新莉
人民陪审员 沈 勇
二〇一九年十二月十七日
书 记 员 张秀丽

关于对（2020）鲁民终 1615 号公告
所附《和解协议》的异议

山东省高级人民法院：

本院在履职中获悉人民法院公告网（2020）鲁民终 1615 号公告及所附《和解协议》等相关内容。经审查认为：该《和解协议》内容达不到使受损生态环境得到有效修复的目的，存在损害社会公共利益的可能，贵院不应据此出具调解书。

一、和解协议约定由被告自行制定修复方案，但被告是侵权责任人，其自行制定修复方案难以得到受污染地区的人民群众信服；同时，对于修复方案的确定，没有约定具体的监督方和监督职责、监督方式；对方案编制程序约定十分模糊，所谓"按照规定程序履行相关手续"等，在实际执行中无法确保符合相关规定，不能真正维护社会公共利益。

二、和解协议约定"当地环保部门"监督，但和解过程并无环保部门的参与，未经环保部门同意就约定了"接受当地环境保护部门监督""当地环境保护监管部门的批复同意"等内容，将导致在实际执行中难以落实；对于生态环境的修复效果也没有独立、权威的第三方机构进行认定，极易造成和解协议履行只有原告和被告双方参与，有失公正。

三、根据一审判决书的认定，生态损害赔偿费用包括转移处置等费用，相关污染物需要由各级政府或其指定部门、机构组织开展转移处理。但和解协议并无上述部门参与，实际造成生态环境损害修复不全面，被告依法应当承担的法律责任得到规避。

四、该案在一审中，原告申请法院调取证据，法院只调取到相关《检验报告》，对于环境污染事件中的众多参与人共同侵权等具体情况，原告并未提供证据予以证实。如果和解协议被生效调解书所确认，将可能造成侵权责任划分出现错误，不利于体现对社会公共利益保护的司法效果。

五、涉案污染对当地生态环境造成严重破坏，长期危害人民群众身体健康。被告承担责任态度不积极，没有实质性修复行动。案发 6 年多来，被告未提出修复方案，也未积极承担损害赔偿款。但本案原被告双方协商制定和解协议的过程中，却没有本着公开公正的原则进行，相关权利主体都没有参与。被告方并非淄博本地企业，如按照和解协议执行，修复时间漫长、修复效果无法保证，淄博当地环保部门、司法部门和社会各界都难以对其有效监督。

特提出异议，请依法审查。

淄博市生态环境局

山东省淄博市人民检察院

2020 年 11 月 9 日

山东省高级人民法院
民事判决书

（2020）鲁民终 1615 号

上诉人（原审被告）：B 石油化工有限公司，住所地为山东省潍坊市寿光市

法定代表人：陈某某，董事长

委托诉讼代理人：鞠某，山东齐法律师事务所律师

委托诉讼代理人：张某博，山东众成清泰律师事务所律师

被上诉人（原审原告）：A 基金会，住所地为北京市崇文区

法定代表人：谢某某，理事长

委托诉讼代理人：张某

原审被告：C 化工有限公司，住所地为山东省潍坊市高密市

法定代表人：万某，董事长

委托诉讼代理人：张某某，山东子伦律师事务所律师

上诉人 B 石油化工有限公司（以下简称 B 石油化工有限公司）因与被上诉人 A 基金会（以下简称 A 基金会）、原审被告 C 化工有限公司（以下简称 C 化工有限公司）环境污染责任纠纷一案，不服山东省淄博市中级人民法院（2018）鲁 03 民初 92 号民事判决，向本院提起上诉。本院于 2020 年 6 月 2 日立案后，

依法组成合议庭审理了本案。上诉人 B 石油化工有限公司的委托诉讼代理人鞠某，被上诉人 A 基金会的委托诉讼代理人张某，原审被告 C 化工有限公司的委托诉讼代理人张某某通过本院互联网法庭参加诉讼。原审被告 C 化工有限公司上诉后，本院通知其缴纳上诉费用，其未缴纳，本院按照自动撤回上诉处理。本案现已审理终结。

B 石油化工有限公司不服原审判决，上诉称：请求依法撤销（2018）鲁 03 民初 92 号民事判决，改判上诉人不承担赔偿责任或发回重审。事实与理由：一、原审判决认定事实不清，仅依据《淄川区岭子镇抬头崖村污染环境案环境损害检验报告》（以下简称检验报告）判令上诉人承担赔偿责任不符合法律规定。（一）本案中被上诉人未提交任何证据证明倾倒行为系上诉人所为。原审判决依据被上诉人陈述判令上诉人承担生态赔偿责任没有事实依据。（二）检验报告不能作为原审判决认定事实和确定上诉人赔偿的依据。1. 检验报告非本案诉讼过程中形成，系刑事案件中的材料。该证据未经生效判决认定，依法不能作为本案证据使用。2. 检验报告不符合民事诉讼法规定的证据要求。检验报告内容不完整，不具有证据的证明力。且系刑事案件的证据，非本案民事赔偿的依据。3. 检验报告依据的事实未确认，检验报告结论不准确。检验报告主要结论之评估材料的部分未经质证或确认，且上诉人对此有异议，依法不能作为认定案件事实确定赔偿的依据。4. 被上诉人及原审法庭均未提供证据证明出具检验报告的鉴定机构有合法的司法鉴定资质。5. 检验报告评估生态环境损害费用 14474.18 万元没有事实依据及计算依据。检验报告表述该损害费用系依据虚拟成本治理成本法进行的估算，实际损害未发生，应当按照实际发生的费用计算生态环境损害费用。(三) 上诉人已交纳的 2000 万元应当予以扣减。二、原审判决适用法律错误。(一) 原审判决超出原告诉讼请求进行判决。原审中上诉人的诉讼请求为 "清除……污染物""及时修复土壤和地下水,或承担修复费用""赔偿损失",其中第二项为及时修复土壤和地下水,原审判决直接判令上诉人承担生态损害赔偿款,而非判令及时修复,违反不告不理原则。(二) 原审径行判决上诉人承担生态损害赔偿款没有法律依据。《最高人民法院关于审理环境民事公益诉讼案件适用法律若干问题的解释》第二十条规定:原告请求恢复原状的,人民法院可以依法判决被告将生态环境修复到损害发生之前的状态和功能。无法完全修复的,可以准许采用替代性修复方式。该条规定的是一种递进关系,即先修复(恢复原状)—后替代修复—最后承担生态环境修复费用。庭审中被上诉人未举证证明案涉矿井无法修复或无法完全修复,原审判决违反该条规定径行判决上诉人承担生态损害赔偿款系适用法律错误。(三) 原审判决上诉人承担赔偿数额过重。上诉人主观上没有故意倾倒废物的故意,客观上也没有指使他人进行违法倾倒,上诉人的过错程度较少,原审判决上诉人承担 6000 万元生态损害赔偿款过重。三、原审判决程序违法。(一) 原审合议庭无正当理由恢复审理。上诉人申请中止审理,原审法院同意并作出中止审理的裁定。在刑事案件没有审结前即恢复审理,系程序违法。(二) 本案遗漏其他必要共同责任人,原审法院未依职权追加或同意上诉人的追加被告申请。

A 基金会辩称,原审判决认定事实和适用法律正确,应予维持。

C 化工有限公司的陈述意见同 B 石油化工有限公司的上诉意见。

A 基金会向原审法院提出诉讼请求：1. 判令被告清除非法倾倒于淄博某油脂有限公司院废井、沟坑中以及其他地方的污染物；2. 判令被告及时修复因非法倾倒而被污染的土壤和地下水，或者承担修复费用以及其他相关费用（具体费用以鉴定或评估报告为准）；3. 判令被告赔偿自污染开始至修复完成之日，该期间破坏生态服务功能所造成的各项损失（具体损失数额以鉴定或评估报告为准）；4. 判令被告承担本案所有诉讼费、保全费、检验、鉴定、评估费及律师费用、差旅费等原告为此案已经支出和必须支出的所有费用。事实和理由：2014 年 6 月至 2014 年 9 月期间，被告 B 石油化工有限公司违反国家关于危险废物处置的规定，安排其员工将生产过程中产生的 5800 余吨有毒性和腐蚀性废酸类危险废物运出，在未经合法处置的前提下，非法倾倒于淄博某油脂有限公司院废井及沟坑中污染物及非法倾倒在其他地方的污染物，从而对土壤及地下水造成了严重污染和生态环境的破坏。2014 年 4 月至 2014 年 9 月，被告 C 化工有限公司违反国家关于危险废物处置的规定，安排其员工将生产过程中产生的 2100 余吨有毒性和腐蚀性的废酸类危险废物运出，在未经合法处置的前提下，非法倾倒于淄博某油脂有限公司院废井及沟坑中污染物及非法倾倒在其他地方的污染物，从而对土壤及地下水造成了严重污染和生态环境的破坏。两被告以上行为对倾倒区域的生态环境造成了严重的污染和破坏，进而危害到社会公众的环境权益，依法应承担法律责任。依据《中华人民共和国民事诉讼法》第五十五条、第一百一十九条，《中华人民共和国环境保护法》第五十八条、《最高人民法院关于审理环境民事公益诉讼案件适用法律若干问题的解释》第一条等规定，原告是适格主体，特向法院提起诉讼。

原审法院经审理查明，2014 年 9 月，接群众举报，淄博市公安局淄川分局对福川区岭子镇台头崖村的淄博某油脂有限公司进行检查，发现院内放置着存有废酸液的玻璃钢罐，该公司已于 2011 年注销营业执照，目前无任何手续。淄博市公安局淄川分局直属大队继续侦查发现：自 2014 年 4 月起，公司负责人将后院对外出租，并协助承租人将废硫酸和废盐酸非法倾倒至院东北侧渗坑和南侧废弃煤井；其中废硫酸来自 B 石油化工有限公司和 C 化工有限公司，净重分别为 5107.1 吨和 2107.2 吨；废盐酸来自河北省霸州市的某制管厂、会某冷轧带钢厂和某金属制品有限公司，合计净重 444 吨。2016 年 3 月，犯罪嫌疑人私自将渗坑及废弃煤井填平。2017 年 6 月 2 日，淄博市环境保护局淄川分局正式委托山东省环境保护科学研究设计院环境风险与污染损害鉴定评估中心对淄川区岭子镇台头崖村污染环境案进行环境损害鉴定评估。该中心组织鉴定评估人员对淄川区岭子镇台头崖村污染环境案进行了分析研究，通过现场调查、资料收集、材料分析等，详细了解案件的经过，依据《环境损害鉴定评估推荐方法（第 I 版）》《生态环境损害鉴定评估技术指南总纲》《生态环境损害鉴定评估技术指南损害调查》等技术文件确定评估方法，对污染场地进行必要的取样、检测和分析，评估淄川区岭子镇台头崖村污染环境案造成的环境损害、损害范围与程度，分类进行损害评估，确定损害费用，并出具鉴定评估意见：1. 根据委托方及相关单位提供的资料和《国家危险废物名录》（2016 版），淄川区岭子镇台头崖村污染环境案中来自 B 石油化工有限公司和 C 化工有限公司的废硫酸应当认定为 HW34 类和 HW9 类危险废物；来自河北省霸州市的某制管厂、会某冷轧带钢厂和某金属制品有限公司的废盐酸应归类于 HW17 类危险废物。根据《最高人民法院、最高人民检察院关于办理环境污染刑事案件适用法律若干问题的解释》（法释〔2016〕29号）第十五条中的规定，危险废物应当认定为"有毒物质"，因此上述废硫酸和废盐酸均应当认定为有毒物质。2.根据委托方及相关单位提供的资料，本案中来自B石油化工有限公司的废硫酸能明确查证的车数为125车，合计净重5107.1吨；来自C化工有限公司的废硫酸能明确查证的车数为70车，合计净重2107.2吨；来自河北省霸州市的某制管厂、会某冷轧带钢厂和某金属制品有限公司的废盐酸能明确查证的车数为12车，合计净重444吨。上述废酸液均被犯罪嫌疑人倾倒至淄川区岭子镇台头崖村淄博某油脂有限公司院内的渗坑和废弃煤井中。3.2016年5月23日，淄博市淄川区岭子镇人民政府对污染场地进行应急处置，其中渗坑中挖出土方至少336立方米。根据样品检测结果，结合现场勘查及相关案例，该渗坑中挖掘出的土壤具有浸出毒性危险特性，建议参照危险废物进行管理：渗坑底部受污染的土壤修复深度建议取1米，体积约为96立方米。4.根据委托方及相关单位提供的资料，淄川区岭子镇台头崖村污染环境案中废弃煤井立井深度67米、开东西走向30米、又开南下山18°的30米再开东平巷约40米西平巷的30米。根据以往案例经验，废酸液应主要集中废弃煤井中的最底部区域，会通过腐蚀、渗透等作用对煤井周边土壤、地层及地下水形成污染。污染场地位于淄博市磁村岭子水源地准保护区范围内。根据污染场地及周边地下水检测结果，位于污染场地上水向的岭子村水源地水井、河洼村水源地水井、磁村水井和水利站水井的特征污染物均可以满足相应的地下水环境质量标准或生活饮用水卫生标准：位于污染场地下水向的河洼煤井涌水和石牛埠村水井的部分特征污染物检测值不同程度的超相应标准，从检测结果来看，截止到采样时，本案中的废酸倾倒事件暂未对上水向的饮用水源地集中供水井造成污染，但可能已对污染场地下水向地下水造成影响。5. 根据《环境损害鉴定评估推荐方法（第 I 版)》和《突发环境事件应急处置阶段环境损害评估推荐方法》，对淄川区岭子镇台头崖村污染环境案，本次评估可量化的环境损害费用为污染场地中渗坑与废弃煤井的生态环境损害费用 14474.18 万元。淄川区岭子镇台头崖村污染环境案可量化的环境损害费用总计为 14474.18 万元。处置建议：渗坑中挖掘出的土壤具有浸出毒性危险特性，建议参照危险废物按照《国家危险废物名录》（2016 版）相关要求进行转移处置，处置费用包含在生态环境损害费用 14474.18 万元中。渗坑底部仍有至少 1 米深的土壤受到污染，需要进行污染修复治理，建议采用属于化学修复法的土壤淋洗法进行修复，修复费用包含在生态环境损害费用 14474.18 万元中。

原审法院认为，《中华人民共和国环境保护法》第五十八条规定："对污染环境、破坏生态，损害社会公共利益的行为，符合下列条件的社会组织可以向人民法院提起诉讼：（一）依法在设区的市级以上人民政府民政部门登记；（二）专门从事环境保护公益活动连续五年以上且无违法记录。符合前款规定的社会组织向人民法院提起诉讼，人民法院应当依法受理。"本案中，结合原告提交的基金会章程、法人登记证书、无违法记录声明、年度报告显示，原告是在中华人民共和国民政部登记的基金会法人，其在提起本案公益诉讼前五年年检合格，且原告提交了五年内未因从事业务活动违反法律、法规的规定而受到行政、刑事处罚的无违法记录声明。据此，原告符合《环境保护法》第五十八条、环境公益诉讼司法解释对提起环境公益诉讼社会组织的要求，具备提起环境民事公益诉讼的主体资格。

《最高人民法院关于审理环境民事公益诉讼案件适用法律若干问题的解释》第十八条规定：对污染环境、破坏生态，已经损害社会公共利益或者具有损害社会公共利益重大风险的行为，原告可以请求被告承担停止侵害、排除妨碍、消除危险、恢复原状、赔偿损失、赔礼道歉等民事责任。第二十条规定：原告请求恢复原状的，人民法院可以依法判决被告将生态环境修复到损害发生之前的状态和功能。无法完全修复的，可以准许采用替代性修复方式。人民法院可以在判决被告修复生态环境的同时，确定被告不履行修复义务时应承担的生态环境修复费用；也可以直接判决被告承担生态环境修复费用。生态环境修复费用包括制定、实施修复方案的费用和监测、监管等费用。第二十三条规定：生态环境修复费用难以确定或者确定具体数额所需鉴定费用明显过高的，人民法院可以结合污染环境、破坏生态的范围和程度、生态环境的稀缺性、生态环境恢复的难易程度、防治污染设备的运行成本、被告因侵害行为所获得的利益以及过错程度等因素，并可以参考负有环境保护监督管理职责的部门的意见、专家意见等，予以合理确定。《最高人民法院关于审理环境侵权责任纠纷案件适用法律若干问题的解释》第十条规定：负有环境保护监督管理职责的部门或者其委托的机构出具的环境污染事件调查报告、检验报告、检测报告、评估报告或者监测数据等，经当事人质证，可以作为认定案件事实的根据。本案中，根据淄博市公安局淄川分局查明的事实及淄博市环境保护局淄川分局委托的机构出具的检验报告，两被告将废硫酸非法倾倒至淄川区岭子镇台头崖村淄博某油脂有限公司院内的渗坑和废弃煤井中，查证的车数分别为125车和70车，净重分别为5107.1吨和2107.2吨，并有来自河北省霸州市的某制管厂、会某冷轧带钢厂和某金属制品有限公司倾倒废盐酸车数为 12 车，合计净重 444 吨，最终评估环境损害费用为污染场地中渗坑与废弃煤井的生态环境损害费用 14474.18 万元，土壤处置费用、渗坑修复费用包含在该生态环境损害费用中。原告要求两被告清除非法倾倒于淄博某油脂有限公司院内废井、沟坑内的污染物，因考虑到已造成的污染土壤的浸出毒性危险特性，需要对挖掘出的土壤进行转移处置，且该处置费用已包含在生态环境损害费用中，故该污染物需由各级政府或其指定部门、机构组织开展转移处理，而不需两被告清除。涉案环境污染系两被告倾倒废硫酸和河北三家单位倾倒废盐酸共同造成，综合考量两被告倾倒污染物的数量、吨数及生态环境恢复的难易程度、防治污染设备的运行成本、被告因侵害行为所获得的利益以及过错程度等因素，对本案中生态环境修复费用、生态环境受到损害至恢复原状期间服务功能损失费用，原审法院酌情确定为被告 B 石油化工有限公司承担 6000 万元，被告 C 化工有限公司承担 3000 万元。依照《中华人民共和国侵权责任法》第六十五条、《最高人民法院关于审理环境民事公益诉讼案件适用法律若干问题的解释》第十八条、第二十条、第二十三条，《最高人民法院关于审理环境侵权责任纠纷案件适用法律若干问题的解释》第十条，《中华人民共和国民事诉讼法》第五十五条规定，判决：由 B 石油化工有限公司在本判决生效后十日内将生态损害赔偿款 6000 万元，C 化工有限公司在本判决生效后十日内将生态损害赔偿款 3000 万元，分别支付至山东省生态环境损害赔偿资金账户。如果未按照本判决指定的期间履行给付金钱义务，应当依照《中华人民共和国民事诉讼法》第二百五十三条规定，加倍支付迟延履行期间的债务利息。案件受理费 533600

元，由 B 石油化工有限公司负担 341800 元，由 C 化工有限公司负担 191800 元。

二审中，B 石油化工有限公司以"本案必须以另一案的审理结果为依据"为由，申请中止本案的审理，但在本案的审理过程中，相关案件已经审理完毕，本院对其关于中止本案审理的申请不予准许。关于 B 石油化工有限公司申请调取涉案《检验报告》问题，淄博市淄川区人民法院（2019）鲁 0302 刑初 69 号刑事判决已对《检验报告》的证据效力予以确认，故本院对其调取证据的申请不予准许。另外，2020 年 9 月 30 日，A 基金会与 B 石油化工有限公司、C 化工有限公司达成《和解协议》。本院将《和解协议》公告后，山东省淄博市人民检察院和淄博市生态环境局提出异议，故本院对《和解协议》的效力不予确认。

本院另查明，2020 年 3 月 23 日，淄博市淄川区人民法院作出（2019）鲁 0302 刑初 69 号刑事判决，认定 B 石油化工有限公司违反国家规定，非法排放、倾倒、处置有毒物质，严重污染环境，后果特别严重，其行为已构成污染环境罪。B 石油化工有限公司不服该判决提出上诉。2020 年 8 月 17 日，淄博市中级人民法院作出（2020）鲁 03 刑终 114 号刑事裁定，驳回了 B 石油化工有限公司的上诉，该裁定现已发生法律效力。

本院认为：

一、原审法院将涉案《检验报告》作为认定 B 石油化工有限公司赔偿的依据是否合法。经本院查明，在淄博市淄川区人民法院（2019）鲁 0302 刑初 69 号一案中，B 石油化工有限公司对公诉机关指控的罪名、事实及提供的证据均无异议，涉案《检验报告》也已经过了庭审举证、质证程序，淄博市淄川区人民法院对该证据亦予以确认。B 石油化工有限公司关于《检验报告》系非法证据应予排除、不能作为本案证据使用的主张，缺乏事实和法律依据，本院不予支持。因此，涉案《检验报告》可以作为认定案件事实和确定 B 石油化工有限公司赔偿数额的依据，原审法院依据《检验报告》认定涉案生态环境损害费用数额并无不当。

二、原审法院确定 B 石油化工有限公司应当承担的赔偿数额是否适当。山东省环境保护科学研究设计院出具的《检验报告》证明，B 石油化工有限公司倾倒废硫酸造成的生态环境损害费用为 9652.44 万元。结合 B 石油化工有限公司倾倒污染物的性质、吨数及生态环境恢复的难易程度、防治污染设备的运行成本、B 石油化工有限公司因侵害行为所获得的利益以及过错程度等因素，考虑到 B 石油化工有限公司在刑事案件中承担的责任，原审法院酌定 B 石油化工有限公司承担 6000 万元生态环境损害费用并无不当。

三、原审法院直接判令 B 石油化工有限公司承担生态损害赔偿费用是否具有法律依据，是否超出 A 基金会的诉讼请求。根据《最高人民法院关于审理环境民事公益诉讼案件适用法律若干问题的解释》第二十条规定，人民法院可以在判决被告修复生态环境的同时，确定被告不履行修复义务时应承担的生态环境修复费用；也可以直接判决被告承担生态环境修复费用。故原审法院直接判令 B 石油化工有限公司承担生态损害赔偿费用具有法律依据，并未超出 A 基金会原审诉讼请求。

四、原审程序是否违反法律规定。原审法院虽以"另一刑事案件的审理结果为依据，而该案尚未审结"为由中止审理本案，但在另一刑事案件审理过程中，B 石油化工有限公司对其违法的事实已经自认，原审法院恢复审理本案并不违反法律规定。

关于本案是否遗漏其他必要共同责任人的问题，涉案污染物系 B 石油化工有限公司等 5 家企业非法排放的，虽造成了同一生态环境损害后果，但对于各自应承担的责任能够区分确定，故 A 基金会起诉要求 B 石油化工有限公司和 C 化工有限公司承担相应的生态环境损害赔偿责任并非属于遗漏其他必要共同责任人的情形，原审法院未予追加并未违反法律规定。

综上，原审判决认定事实清楚，适用法律正确，B 石油化工有限公司的上诉请求不能成立，本院不予支持。依据《中华人民共和国民事诉讼法》第一百七十条第一款第一项之规定，判决如下：

驳回上诉，维持原判。

二审案件受理费 341800 元，由上诉人 B 石油化工有限公司负担。

本判决为终审判决。

审判长　崔　勇

审判员　刘晓华

审判员　张汉利

二〇二〇年十二月十日

书记员　牛聪颖

第二部分

最高人民检察院第四十批
指导性案例权威解读及
实践思考

新闻发布

履行生态环境检察公益诉讼保护职责
细化实践操作指引
——最高人民检察院第八检察厅负责人就
第四十批指导性案例答记者问

最高人民检察院制发了以生态环境领域公益诉讼为主题的第四十批指导性案例，发挥生态环境检察公益诉讼保护职责，细化公益诉讼检察实践操作指引。最高检第八检察厅负责人就相关问题回答了记者提问。

[记者] 请您谈谈为什么要发布这批公益诉讼指导性案例。

[胡卫列] 良好生态环境是最普惠的民生福祉。"十三五"期间，我国污染防治攻坚战阶段性目标任务圆满完成，生态文明建设取得历史性成就。"十四五"规划对生态环境保护提出了更高要求。检察公益诉讼制度实施以来，检察机关深入贯彻习近平生态文明思想，坚持"绿水青山就是金山银山"的理念，把生态环境公益诉讼工作摆在更突出位置谋划部署，加大办案力度，采取了一系列务实的措施来落实党中央"用最严格制度、最严密法治保护生态环境"的要求。生态环境与资源保护是检察公益诉讼的传统法定领域，也是检察公益诉讼最大的办案领域，自

2017 年 7 月检察公益诉讼制度全面实施五周年以来（2017 年 7 月 1 日至 2022 年 6 月 30 日），检察机关共立案办理公益诉讼案件 67.4 万件，其中生态环境与资源保护领域案件近 34.4 万件，在全部检察公益诉讼案件中的占比超过 50%。

党中央也对生态环境领域公益诉讼提出了进一步要求。党的十九届四中全会决定要求"完善生态环境公益诉讼制度"，《中共中央关于加强新时代检察机关法律监督工作的意见》明确要求"加大生态环境和资源保护、食品药品安全、国有财产保护、国有土地使用权出让和英烈权益保护、未成年人权益保护等重点领域公益诉讼案件办理力度"。这一背景下，亟须发布一批生态环境领域公益诉讼指导性案例，发挥指导性案例对于检察公益诉讼的示范引领作用，对办案中需要而相关法律和司法解释未能确定的规则予以明确，促进检察机关强化法律监督，巩固和深化污染防治攻坚战成果，保障法律统一正确实施。

[记者] 这批指导性案例有哪些特点？

[胡卫列] 一是案件类型丰富，涉及领域广泛。这批案例有行政公益诉讼诉前程序和起诉案例，有提起民事公益诉讼案例，还有对社会组织提起的民事公益诉讼进行检察监督的案例，类型非常丰富。案例包含生态环境保护的重点领域，涉及土壤污染治理、固体废物污染治理、危险废物污染治理、耕地及林草资源保护、水资源保护等不同方面。

二是集中解决了一批在公益诉讼实践中出现的新情况、新问题。随着检察公益诉讼工作的不断发展，办案实践中也不断出现新的问题，如对于涉及不同层级多个行政机关的重大公益诉讼案件，如何统筹发挥一体化办案机制作用，分层级进行监督；不服人民法院二审公益诉讼判决如何提出抗诉;环境公益诉讼中惩罚性赔偿如何具体适用;对于社会组织提起公益诉讼怎样做到既支持又监督等。这些问题有的在现行法律和司法解释中没有明确规定,或者虽然有原则性规定,但缺乏具体操作程序。这批案例从生态环境领域司法实践出发,对办案中出现的问题和法律适用等予以厘清和明确,在事实认定、证据运用、法律适用、政策把握、办案方法等方面提炼出可参照适用的规则,为检察机关办理同类案件提供指引。

三是展示了检察机关助推经济社会高质量发展的突出成效。比如山西省检察机关督促整治浑源矿企非法开采行政公益诉讼案,山西省检察院在统筹指挥下级检察院办案的同时,对涉及省级行政机关监管职责的案件直接立案,体现了省级检察院带头办理重大、复杂、疑难案件,敢啃"硬骨头"的勇气。通过办案,督促完成矿山生态治理 5.39 万亩,栽种各类树木 348.55 万株,恢复林地耕地 1.1 万亩,助推当地生态环境治理和经济发展。部分案例也反映了近几年公益诉讼检察专项活动的办案成果,如"公益诉讼守护美好生活"专项监督等,展示了检察公益诉讼助推生态环境保护的成效,巩固和深化污染防治攻坚战成果。对扩大社会公众对检察公益诉讼的认可度,提高公众保护生态环境的法治意识也有重要作用。

[记者] 这批案例具体的指导意义主要体现在哪些方面?

[胡卫列] 目前公益诉讼缺乏集中统一立法,相关法律规定在实体法和程序法中零散分布,缺乏细化操作指引。这批案例为检察机关在办理生态环境领域公益诉讼案件面临的一些新情况、新问题提供了指引,对现有立法不足进行了补充、细化。

一是应正确理解行政机关的"监督管理职责"。《中华人民共和国行政诉讼法》第二十五条第四款规定的行政机关"监督管理职责",不仅包括行政机关对违法行为的行政处罚职责,也包括行政机关为避免公益损害持续或扩大,依据法律、法规、行政规章、规范性文件相关授权,运用公共权力、使用公共资金等对受损公益进行减损、恢复等综合性治理职责,不应对"监督管理职责"进行限缩解释。

二是检察机关办理重大公益损害等"硬骨头"案件时,一方面可以通过诉前检察建议,督促负有直接监督管理职责的行政机关依法履职;另一方面可以统筹发挥一体化办案机制作用,通过上一级检察机关向上一级行政机关发出社会治理检察建议,推动上级行政机关充分发挥领导与督促指导作用,形成检察监督与行政层级监督合力。

三是检察机关提起环境民事公益诉讼时,可以依法提出惩罚性赔偿诉讼请求。在确定环境侵权惩罚性赔偿数额时,检察机关应当以生态环境受到损害至修复完成期间服务功能丧失导致的损失、生态环境功能永久性损害造成的损失数额等可量化的生态环境损害作为计算基数,同时结合具体案情,综合考量侵权人主观过错、损害后果、生态修复成本,侵权人的履行能力、赔偿态度、所受行政处罚和刑事处罚等因素,确定相应倍数作为赔偿额度。

四是社会组织提起民事公益诉讼的,检察机关可以支持起诉,也要跟进监督,督促社会组织依法行使公益诉权。对社会组织与侵权人达成和解协议,可能损害社会公共利益等情形,检察机关作为公共利益的代表,应当秉持客观公正立场,依法开展调查核实,可以通过提出抗诉、纠正意见、检察建议、提出异议等方式履行监督职责。

[记者] 民法典的实施为对污染环境提起惩罚性赔偿确立了法律依据。这批指导性案例中有一件主张了惩罚性赔偿的民事公益诉讼案，如何办好此类案件？

[胡卫列] 生态环境损害具有累积性、潜伏性、缓发性、公害性等特点，生态环境领域违法成本低问题突出。民法典规定的惩罚性赔偿制度能够依法提高环境违法成本，严惩突出环境违法行为，让恶意侵权人付出应有代价，具有惩罚、震慑、预防等多重功能。民法典实施之初，对检察机关在民事公益诉讼案件中是否能够提出惩罚性赔偿存在一些争议，江西省检察机关在实践中大胆探索，在环境民事公益诉讼中提出了惩罚性赔偿的诉讼请求，并得到人民法院的支持，该案是全国首例适用民法典惩罚性赔偿条款的环境污染民事公益诉讼案件，并入选了最高人民法院发布的人民法院贯彻实施民法典第一批典型案例。2022 年 1 月，最高人民法院发布了《最高人民法院关于审理生态环境侵权纠纷案件适用惩罚性赔偿的解释》，第十二条明确规定国家规定的机关或者法律规定的组织作为被侵权人代表，可以提出要求侵权人承担惩罚性赔偿责任的诉讼请求。

检察机关在提起生态环境领域民事公益诉讼中既要依法提出惩罚性赔偿请求，让违法者受到应有的惩处，通过发挥惩罚性赔偿制度功能，遏制污染环境、破坏生态的行为。也要严格把握法定适用条件，依法保护民事主体合法权益，统筹生态环境保护和经济社会发展。要根据法律和司法解释的相关规定把握适用条件，还要根据案件情况，综合考虑侵权人的主观过错、损害后果、赔偿能力等因素，合理确定惩罚性赔偿的基数和倍数，既发挥惩罚性赔偿制度的惩罚、威慑等功能，又不过于加重违法行为人的责任承担。

[记者] 我们注意到，这批指导性案例中有一件检察机关对社会组织提起的民事公益诉讼进行监督的案件，公益诉讼中，检察机关和社会组织是一种怎样的关系？

[胡卫列] 根据民事诉讼法等法律规定，社会组织和检察机关都是提起民事公益诉讼的法定主体，在保护社会公共利益中都发挥着重要的作用，在实践中已经形成了一种协同联动、互相促进的关系。根据最高法发布的《中国环境资源审判》数据，检察机关提起公益诉讼促进了社会组织环境公益诉讼案件的大幅增长，从制度确立之前的每年 60 件左右上升到每年 105 件左右。根据相关司法解释规定，检察机关拟提起民事公益诉讼的案件应当进行公告，如果公告期内有适格的社会组织决定提起诉讼，检察机关可以支持起诉，对损害后果严重、社会影响较大、社会组织诉讼能力较弱等情形，人民检察院可以采取提供法律咨询、向人民法院提交支持起诉意见书、协助调查取证、出席法庭等方式支持社会组织起诉。同时，检察机关作为社会公共利益的代表和法律监督机关，对于社会组织的公益诉讼活动，应当依法进行监督。如果社会组织在诉讼中有无正当理由变更、撤回诉讼请求，或者像这起案件中与侵权人达成可能损害公益的和解协议等情形，可能使社会公共利益不能得到有效保护的，检察机关可以通过向人民法院提出异议、检察建议或抗诉等方式履行监督职责。

充分发挥公益诉讼检察制度在
生态文明建设中的职能作用
——最高人民检察院第四十批指导性案例解读

胡卫列　王　莉　刘盼盼*

　　2022 年，最高人民检察院以生态环境公益诉讼为主题连续发布了第四十批、第四十一批指导性案例，体现了检察机关努力践行习近平生态文明思想和习近平法治思想，深化生态环境领域公益诉讼检察工作探索创新所取得的成效，对于规范和强化生态环境公益诉讼检察工作，推进公益诉讼检察高质量发展具有重要的引领和指导作用。第四十批指导性案例共包含 4 个案例①，案例涉及的领域和事项均不相同，内涵十分丰富，具有很强的代表性，学习和运用该批指导性案例不能简单地就案论案，需放到生态文明建设和国家治理的大背景中深化认识。

---

　　*　胡卫列，最高人民检察院原检察委员会委员、第八检察厅厅长、一级高级检察官，现任司法部副部长；王莉，最高人民检察院第八检察厅二级高级检察官；刘盼盼，江苏省徐州市人民检察院第七检察部检察官助理。

　　①　吉林省检察机关督促履行环境保护监管职责行政公益诉讼案（检例第 162 号），山西省检察机关督促整治浑源矿企非法开采行政公益诉讼案（检例第 163 号），江西省浮梁县人民检察院诉 A 化工集团有限公司污染环境民事公益诉讼案（检例第 164 号），山东省淄博市人民检察院对 A 发展基金会诉 B 石油化工有限公司、C 化工有限公司民事公益诉讼检察监督案（检例第 165 号）。

一、 发布第四十批指导性案例的背景和意义

"生态文明建设是关系中华民族永续发展的根本大计。"[1] 党的十八大以来，以习近平同志为核心的党中央在推进新时代中国特色社会主义伟大事业的历史进程中，以前所未有的力度抓生态文明建设，谋划开展了一系列根本性、开创性、长远性工作，美丽中国建设迈出重大步伐，我国生态文明建设发生了历史性、转折性和全局性的变化，[2] 并逐步形成了较为完整的生态文明建设法律规范和制度体系。

公益诉讼检察制度始于党的十八届四中全会提出的"探索建立检察机关提起公益诉讼制度"，是以法治思维和法治方法促进国家治理体系和治理能力现代化建设的重大改革举措，是习近平生态文明思想和习近平法治思想的重要组成部分。从制度发展演进的时间脉络看，生态文明建设的诸多重大改革举措肇始于党的十八届三中全会的部署，生态损害赔偿、中央环保督察与检察机关提起公益诉讼均于 2015 年开始进行试行或试点，从制度构想启动制度实践。随后，在党中央、国务院一系列关于生态文明建设文件和相关法律规范中写入了公益诉讼的内容，明确要求生态损害赔偿、中央环保督察与公益诉讼相衔接，2019 年党的十九届四中全会则强调要"完善生态环境公益诉讼制度"。《习近平生态文明思想学习纲要》也在"严明生态环境保护责任制度"部分明确提出"完善生态环境公益诉讼制度"，并要求"加强检

---

[1] 习近平：《论坚持人与自然和谐共生》，中央文献出版社 2022 年版，第 1 页。

[2] 参见中共中央宣传部、中华人民共和国生态环境部：《习近平生态文明思想学习纲要》，学习出版社、人民出版社 2022 年版，第 1 页、第 87~88 页。

察机关提起生态环境公益诉讼制度"。① 从制度内在逻辑看，党中央强调"用最严格制度、最严密法治保护生态环境"，公益诉讼制度具有监督和保障法律实施的功能，对此，习近平总书记在十八届四中全会的说明中作出深刻阐述，并明确将生态环境和资源保护作为公益诉讼的领域范围。从制度实践看，检察机关始终自觉地把公益诉讼作为生态文明建设的法治手段，要求将公益诉讼检察制度的优势切实转化为促进生态环境国家治理和社会治理的新动能，强调把生态环境和资源保护作为公益诉讼最重要的法定领域，始终将其放在突出重要的位置进行谋划部署，并持续加大办案力度。从办案数据看，生态环境和资源保护始终是检察公益诉讼最大的办案领域，自 2017 年 7 月公益诉讼检察制度全面实施五年来（2017 年 7 月 1 日至 2022 年 6 月 30 日），检察机关共立案办理公益诉讼案件 67.4 万件，其中生态环境和资源保护领域案件 34.4 万件，在公益诉讼案件中占比达 51%，② 不断实现办案模式和法律适用的创新引领。

随着生态环境公益诉讼制度实践的日益丰富和环境法典编纂工作的启动，学术界对生态环境公益诉讼功能价值与制度构建的理论研究和检察机关对生态环境公益诉讼检察业务框架与制度机制的探索同步推进，关于生态环境公益诉讼检察理论、制度和实践研究不断深入，各方面形成越来越多的共识，相关的业务框架体系在实践中初现端倪，构建和完善相关制度体系的条件日趋成熟。与此同时，公益诉讼法律制度建设与其实践发展不相适应，

---

① 参见中共中央宣传部、中华人民共和国生态环境部：《习近平生态文明思想学习纲要》，学习出版社、人民出版社 2022 年版，第 1 页、第 87~88 页。

② 闫晶晶：《最高检发布第四十批指导性案例》，载《检察日报》2022 年 9 月 27 日，第 1 版。

关于公益诉讼检察的操作性程序规范还比较欠缺，加快推进公益诉讼检察制度建设的呼声和需求日益强烈。在此背景下，公益诉讼检察指导性案例不仅具备与其他检察指导性案例相同的多重功能作用，而且对于推动公益诉讼检察这一新职能的制度与实践完善具有特殊的重要意义，可以对案件办理起到指导作用，在一定程度上弥补制度规范不足的问题，也可为公益诉讼立法提供参考，既是司法办案"刚需"，也是公益诉讼"法治实践的生动印记"。① 让指导性案例充分发挥示范引领作用是完善公益诉讼检察制度体系建设的重要组成部分，而生态环境作为公益诉讼检察中案件样本最丰富、最成熟的领域，有必要、有条件，也应当为公益诉讼检察制度和实践提供样本。

二、 第四十批指导性案例的特点

（一） 首次以生态环境公益诉讼为唯一主题

生态环境保护是国家治理的重大和关键问题，不仅事关党的使命宗旨，也是最普惠的民生福祉。检察机关始终将生态环境保护作为公益诉讼的重中之重，这一领域也是发布指导性案例最集中的领域。从试点至今，最高检先后发布公益诉讼主题的指导性案例 6 批②23 件，还有其他主题公益诉讼指导性案例 4 件③，共27 件。其中，生态环境和资源保护领域的指导性案例有 18 件，占比达 2/3。此前，由于党的十八届四中全会和民事诉讼法、行政诉讼法等相关法律规范均未区分生态环境和资源保护，将两者

---

① 张杰：《检察指导性案例理论与实践》，中国检察出版社 2022 年版，第 3 页。
② 最高检第 8 批、第 13 批、第 29 批、第 35 批、第 40 批、第 41 批指导性案例。
③ 最高检第 16 批指导性案例的检例第 63 号，第 23 批指导性案例的检例第 86 号、第 88号、第 89 号。

一并表述，因此各类案例发布中也未将生态环境领域单独区分。此次生态环境公益诉讼指导性案例首次单独发布，既体现了检察机关对习近平生态文明思想认识的进一步深化，也展现了公益诉讼检察工作全面实施五年来在专业化和精细化方向上取得的进展。

（二）该批指导性案例覆盖面广、代表性强、影响力大，反映了公益诉讼检察在生态环境领域探索创新的新成果

该批案例虽然只有 4 个，但内涵丰富，内容、形式多样，在所保护的具体生态环境利益上，涉及耕地、林草资源保护，土壤污染治理，固体废物污染治理，危险废物污染治理等不同方面。在形式上，涉及行政公益诉讼诉前程序、提起诉讼以及提起民事公益诉讼和对社会组织提起的民事公益诉讼进行检察监督等。这些案例都是有影响的案件，比如，检例第 162 号"吉林省检察机关督促履行环境保护监管职责行政公益诉讼案"，是第一个完整走完行政公益诉讼全流程的案件，包括了检察机关制发诉前检察建议、提起诉讼、提出上诉、抗诉，经过了一审、二审、再审程序，相关判决曾引起理论界和实务界的广泛关注。检例第 164 号"江西省浮梁县人民检察院诉 A 化工集团有限公司污染环境民事公益诉讼案"，是民法典实施后适用生态损害侵权赔偿责任第一案，入选最高人民法院典型案例，确立的相关规则得到最高法司法解释的确认。检例第 165 号"山东省淄博市人民检察院对 A 发展基金会诉 B 石油化工有限公司、C 化工有限公司民事公益诉讼检察监督案"，则体现了对公益诉讼检察监督对象和领域的拓展。将社会关注度高的有影响性案件进行法律规则意义上的总结和提炼，有助于扩大相关规则的辐射面，更好地发挥指导

性案例的正向作用。

（三）案例的指导意义从公益诉讼检察工作开展早期侧重于对范围领域的明确，逐步深入发展到对办案规则具体细化的指引

早期公益诉讼检察指导性案例多侧重于对监督范围、诉讼主体、诉讼请求范围、诉前程序运用以及案件管辖等基本规则的探索与释明。随着实践的日益丰富，第四十批指导性案例在最高检《人民检察院公益诉讼办案规则》实施一年之后发布，可阐述以及需要阐述的内容发生了显著变化，更着重于对具体办案规则的深入分析与指引。比如，检例第 162 号不仅明确了不服法院二审公益诉讼判决如何提出抗诉，也明确了在公益诉讼起诉过程中行政机关对受损公益整改到位的，何种情况下不适宜撤回起诉，而应当改为确认违法诉讼请求。检例第 164 号和检例第 165 号则分别说明了生态环境公益诉讼中惩罚性赔偿如何具体适用，对于社会组织提起公益诉讼如何实现既支持又监督等。这些案例反映出公益诉讼检察实践已经从"要不要做，能不能做"转化为"具体怎么操作，具体怎么做到更好"，是对《人民检察院公益诉讼办案规则》的形象释义，所提炼出可参照适用的规则，在法律和司法解释没有明确规定时，在事实认定、证据运用、法律适用、政策把握乃至办案方法等方面，都为检察机关提供了有效指引。

三、 第四十批指导性案例的指导意义

（一）检察机关要因应国家治理新趋势、新要求，准确认识和把握行政机关的监督管理职责

行政机关的监督管理职责，是行政公益诉讼中认定行政机关

是否依法履职、决定是否立案的基础，也通常是实践中争议的焦点。检例第162号所指引的就是正确理解和把握行政诉讼法关于行政机关监督管理职责的具体内涵问题。

吉林省德惠市朝阳乡辖区内某荒地垃圾就地堆放，形成两处大规模垃圾堆放场，已逾十年。检察机关提起公益诉讼，请求判令乡政府对垃圾处理不履行监管职责违法，并依法履行职责，对违法形成的垃圾场进行治理。一审、二审法院均以该乡政府仅负责辖区内的环境保护工作，而非对破坏生态环境违法行为进行制止和处罚的监督管理责任主体，故不是该案适格的被告为由，裁定驳回检察机关的起诉、上诉。其中，二审裁定认为，行政机关对生态环境的行政管理职责有两方面的含义，一是运用公共权力、使用公共资金对生态环境进行治理，二是运用公共权力对破坏生态环境的违法行为进行监督管理，并认为《行政诉讼法》第25条第4款规定检察机关可以依法向法院提起公益诉讼的"监督管理职责"，应当限定在行政机关运用公共权力对破坏生态环境的违法行为进行监督管理的范围内，不应当包括行政机关运用公共权力、使用公共资金，组织相关部门对生态环境进行治理的职责。

吉林省检察院提出抗诉认为，法律和司法解释均未对行政机关的监督管理职责作任何限定，法律、法规、规章和其他规范性文件对行政机关法定义务的概括性规定，均属于行政机关监督管理职责范畴，《行政诉讼法》第25条第4款中的"监督管理职责"不仅包括行政机关对违法行为的行政处罚职责，也包括行政机关为避免公益损害持续或扩大，依法依授权运用公共权力、使用公共资金，组织对受损公益进行治理的综合性管理职责，二审裁定对"监督管理职责"进行限缩解释，缩小了公益诉讼受案范围，与立法原意不符。吉林省高级人民法院再审裁定认为，原审法院对乡级政府环境保护监督管理职责作出限缩解释，确有不妥，应予纠正，指令再审。案件再审过程中，垃圾得到彻底清理，但因乡政府对其履职尽责标准仍然存在不同认识，检察机关仅撤回了要求其依法履职的诉讼请求，保留了确认其不依法履行垃圾清理职责违法的诉讼请求，得到再审判决支持。

检察机关通过办理该案明确了对《行政诉讼法》第 25 条第 4 款规定的"监督管理职责"的理解，即行政机关的监督管理职责不仅包括行政机关对违法行为的行政处罚职责，也包括行政机关为避免公益损害持续或扩大，依据法律、法规、规章和规范性文件相关授权，运用公共权力、使用公共资金，对受损公益进行修复等综合性治理职责，对其进行限缩解释缺乏法律依据。

近年来，有多个指导性案例涉及行政机关监督管理职责问题，争议点一般涉及行政机关是否具有相应职责、履职是否到位两方面。与检例第 162 号类似的指导性案例还有检例第 63 号"湖北省天门市人民检察院诉拖市镇政府不依法履行职责行政公益诉讼案"，两者均涉及乡镇政府在生态环境治理中具体职责的认定，而检例第 63 号的特殊性在于，法院对"治理"和"监督管理"进行了区分。这种认识与以合法性控制和权利保障为目标的传统行政法理念相契合，有一定的代表性。但是随着经济社会的发展，行政管理的模式和理念发生了重大变化，在传统行政法的基础上，以"促进行政任务的有效履行和公共福祉的增进"① 为使命的新行政法理念在全世界得到了重视和应用。在我国，在促进国家治理大背景下，一个突出的表现就是行政权力下

---

① 章志远：《行政法学总论》（第二版），北京大学出版社 2022 年版，第 486 页。

放，通过法律、法规、规章和规范性文件，不断压实基层政府的管理职责，以更好地实现行政任务的有效履行。检察机关提起公益诉讼必须因应这一变化，站在有效促进国家治理角度，准确地理解相关规定，准确把握行政机关的法定职责并准确确定监督对象。

（二）检察机关要统筹运用一体化办案机制，统分结合，充分发挥"一体化办案、分层级监督"模式的积极效用

检察一体化办案机制是近年来公益诉讼检察实践特别是重大案件办理中被重视和强调的工作机制。检例第 163 号"山西省检察机关督促整治浑源矿企非法开采行政公益诉讼案"就凸显了上下级检察机关充分发挥一体化办案机制的重要作用。

该案中，检察公益诉讼大数据信息平台收集到多条反映山西省大同市浑源县矿企破坏恒山风景名胜区及周边生态环境和自然资源的线索，案情重大，山西省检察院实时向最高检和山西省委请示汇报，最高检挂牌督办，山西省检察院启动一体化办案机制，统筹三级检察机关进行办理。主要包括：一是在厘清不同种类矿产资源、国有林地和非国有林地、农用地转用等行政监管部门和层级的基础上，市、县两级检察机关根据同级监督原则，分别向负有监管职责的对应行政机关发出诉前检察建议；二是统筹辖区办案资源，将该案相关具体线索分别指定辖区多个县级检察院管辖；三是省检察院向具有法定监管职责的省级行政机关发出行政公益诉讼诉前检察建议，并向其他有关省级行政机关发出社会治理检察建议，建议其督促市、县有关部门依法及时查处。

运用检察一体化办案机制办理重大公益诉讼案件是由这类案件的特殊性决定的，因为重大公益诉讼案件往往涉及对不同层

级、不同领域的多个行政机关的监督，从办案资源的实际配置和办案规则的程序规定看，无论是上级检察院还是下级检察院，单独由某个检察院办理，都有其难以克服的障碍，需要统筹调配、使用辖区内公益诉讼办案资源。对于如何应用检察一体化办案机制，相关办案规则的规定比较原则，急需通过案例将实践中这项普遍使用的机制予以明确和规范。第四十批指导性案例中每个案例在实际办理中都涉及了检察一体化办案，以不同方式体现了检察一体化办案机制的作用和分层级监督的优势。而检例第163号与第四十一批指导性案例的检例第166号万峰湖专案，堪称上级检察机关运用一体化办案机制统筹指挥办理重大公益诉讼案件的"姊妹篇"。检例第166号是由最高检直接以事立案办理的跨省区重大公益诉讼案件。检例第163号则由省级检察院立案办理，其指导意义在于，办理涉及监督不同层级、不同领域的多个行政机关的案件，检察机关要统筹发挥一体化办案机制作用，上级检察机关加强督办指导，各级检察机关采取统分结合的方式立案办理；由不同层级检察机关对应监督同级行政机关，各司其职。在制发诉前检察建议督促负有直接监督管理职责的行政机关依法履职的同时，还可以向负有领导、督促和指导整改工作的上级行政机关发出社会治理检察建议，通过"诉前检察建议＋社会治理检察建议"模式，推动行政机关上下联动，有效促进生态修复。

（三）检察公益诉讼要用足用好民法典等关于强化生态文明建设的法律武器

生态环境损害往往具有累积性、潜伏性、缓发性、公害性等特点，治理难度大，治理成本高；同时生态环境领域违法成本低的问题十分突出，亟待有效遏制。近年来，随着环境法律体系的逐步完善，生态环境法律制度的刚性和力度也不断加大，"让环境法长出牙齿"的呼声得到了法律回应，民法典在民事责任体系中增加了对环境损害惩罚性赔偿的民事责任。检察机关要加强对各类环境保护新法律的学习掌握，用好、用准惩罚性赔偿制度等法律工具，统筹生态环境保护和经济社会发展。检例第 164 号是我国适用民法典环境损害惩罚性赔偿制度的第一案。在案件办理过程中，检察机关经委托鉴定发现，案涉两处倾倒点的土壤表层均存在危险废物叠氮化钠，对周边环境造成污染。检察机关认为，虽然案涉污染环境、破坏生态的侵权行为发生在民法典施行前，但是侵权人未采取有效措施修复生态环境，导致生态环境持续性受损，严重损害社会公共利益，适用民法典更有利于保护生态环境，维护社会秩序和公共利益，也符合法律、司法解释关于法律溯及力的规定，故依据《民法典》第 1232 条之规定，提起民事公益诉讼要求 A 公司承担环境污染损失和赔礼道歉的侵权责任，并承担惩罚性赔偿金，法院判决支持检察机关全部诉讼请求。

关于检察机关提起生态环境民事公益诉讼是否可以主张惩罚性赔偿的问题，在民法典施行初期存在争议。有观点认为，惩罚性赔偿不宜适用于公益诉讼，应仅限于私益诉讼。检察机关结合实践分析认为，一方面，《民法典》第 1232 条关于惩罚性赔偿的规定是"环境污染和生态破坏责任"专章的一般规定，既适用于环境私益诉讼，也应当适用于环境公益诉讼，且故意污染环境侵害公共利益的，损害后果往往更为严重，更需要发挥惩罚性赔偿制度的惩戒、威慑功能。另一方面，生态环境损害涵盖对公共环境利益造成的损害，当破坏生态环境侵害社会不特定多数人利益时，检察机关作为社会公共利益代表，依法提起民事公益诉讼，旨在保护不特定社会公众的利益。检察机关作为"被侵权人"代表，在生态环境民事公益诉讼中有权提出惩罚性赔偿的诉讼请求，更能体现公益诉讼制度维护社会公共利益的宗旨，更加符合民法典保护生态环境的本意。

检察机关依据民法典规定，在生态环境民事公益诉讼中提出惩罚性赔偿的诉讼请求，并得到法院的支持，既维护了社会公共秩序、公共利益，也为后续司法解释相关规则的制定与公益诉讼制度的完善提供了实践样本，该案成为全国首例适用民法典惩罚性赔偿条款的生态环境民事公益诉讼案件，并入选最高法发布的人民法院贯彻实施民法典典型案例（第一批）。2022 年 1 月，最高法发布的《关于审理生态环境侵权纠纷案件适用惩罚性赔偿的解释》第 12 条也明确，国家规定的机关或者法律规定的组织作为被侵权人代表，可以提出要求侵权人承担惩罚性赔偿责任的诉讼请求。

关于惩罚性赔偿金的数额计算问题，民法典只规定了被侵权人有权请求"相应的惩罚性赔偿"，但是没有明确计算标准，在该案办理时，亦无相关司法解释可供参考。检察机关参照办理食品药品安全领域民事公益诉讼案件的做法，参考《食品安全法》《消费者权益保护法》等法律对惩罚性赔偿的计算方式，即以被侵权人所受损失为计算基数，再乘以相应倍数以确定惩罚性赔偿数额。该案侵权人非法倾倒危险废液导致当地水体、土壤等环境向公众或者其他生态系统提供服务的功能减损，而该环境功能性损失费可以通过鉴定予以量化明确，因此，在确定该案环境侵权惩罚性赔偿数额时，检察机关探索以可量化的生态环境功能性损失费作为计算基数。因该案同时主张侵权人承担生态修复责任，故检察机关综合被告造成的生态环境损害后果、主观悔过态度以及前期承担损害赔偿修复责任等因素，提出按照环境功能性损失费用的 3 倍承担惩罚性赔偿的诉讼请求，既发挥了惩罚性赔偿制度的惩罚、威慑等功能，又不过于加重侵权人的责任负担。此后发布的最高人民法院《关于审理生态环境侵权纠纷案件适用惩罚性赔偿的解释》，亦明确了以生态环境受到损害至修复完成期间服务功能丧失导致的损失、生态环境功能永久性损害等可量化的生态环境损失数额作为惩罚性赔偿金的计算基数。在此基础上，还需综合考量侵权人主观过错程度，损害后果的严重程度，生态修复成本，侵权人的经济能力、赔偿态度、所受行政处罚和刑事处罚等因素，以合理准确适用惩罚性赔偿。

该案的办理除了具有法律上的指导意义外，还推动了对具体法律条款的理解适用和相关司法制度实践进程，并对公益诉讼案件办理具有重要启示作用。无论公益诉讼制度还是生态环境法律制度，都是根据实践发展不断成长，还没有完全定型的制度，检察公益诉讼更是被称为实践引领的制度，实践走在了制度和理论构建的前面，这就要求检察机关增强开拓创新的意识，秉持积极稳妥原则，自觉地以习近平生态文明思想为指导，在生态文明建设的法律制度体系中准确理解和把握法律的原则精神和立法原意。同时，检察公益诉讼不是检察机关的公益诉讼，须积极争取法院的理解支持，形成生态环境司法保护的合力。

（四）检察机关要依法支持、监督社会组织提起民事公益诉讼

根据民事诉讼法规定，社会组织和检察机关都是提起民事公益诉讼的法定主体，两者的诉讼顺位和在诉讼中的关系是公益诉讼理论和实践中的重要问题，也是争议较大的问题。有观点认为，检察机关提起公益诉讼会挤占社会组织提起公益诉讼的空间。事实上，这是一种不必要的担心。从制度设计看，最高法、

最高检关于公益诉讼的司法解释规定检察机关应对拟提起民事公益诉讼的案件进行公告，公告期内有适格的社会组织决定提起诉讼的，检察机关不再提起诉讼，明确了社会组织在民事公益诉讼中的优先诉权。从制度实践看，检察机关自觉地将支持社会组织提起公益诉讼作为一项公益诉讼履职活动，针对公益损害后果严重、社会影响较大、社会组织诉讼能力较弱等情形，通过提供法律咨询、提交支持起诉意见书、协助调查取证、出席法庭等方式支持社会组织起诉。根据最高法发布的《中国环境资源审判》相关数据显示，社会组织提起的公益诉讼案件已从检察公益诉讼制度确立前的每年 60 件左右上升到每年 105 件左右。近年来仍保持较大幅度的增长态势。可见，检察机关提起公益诉讼不是抑制而是促进了社会组织公益诉讼的发展，检察机关与社会组织在公益诉讼中形成了协同联动、互相促进的良性关系。

与此同时，公益诉讼中也出现了一些新的问题和苗头。一些社会组织利用诉讼顺位优先的规定，通过检察机关的诉前公告获得公益诉讼案件的诉权后，长期拖延不提起诉讼，影响了公益的保护。有的社会组织随意或不当行使提起公益诉讼的权利，更有个别人员滥用社会组织提起公益诉讼的名义获取私利。对于这类情形，公益诉讼相关司法解释并没有作出具体规定，但是根据民事诉讼法相关原则性规定，根据检察机关法律监督的法定职责，基于维护公共利益和社会公平正义的要求，检察机关可以也应当依法对社会组织提起的民事公益诉讼予以监督，依法履行作为法律监督机关和公共利益代表的相应职责。检例第 165 号以指导性案例形式，对这一原则要求给予了实务操作的指引，拓展并完善了检察机关对社会组织提起公益诉讼进行支持和监督的关系。

该案中，检察机关在社会组织和公益诉讼被告和解协议公告期间得知协议内容，认为该和解协议若被司法确认，可能损害社会公共利益，调查核实后，会同相关行政机关向法院提出书面异议。这表明，检察机关对于前期了解掌握的民事公益诉讼案件线索，若社会组织在公告期间提起民事公益诉讼的，应基于法律监督和维护公共利益的需要继续关注。对于达成和解协议的，检察机关应当从合法性、可行性、有效性等方面进行审查，对可能损害社会公共利益的，在协议公告期间届满前发现的，应当向法院提出书面异议。

该案办理中，检察机关对社会组织公益诉讼的监督采取了"调查核实、提出异议、跟进监督"总体思路，明确了相关程序要求。首先，确定和解协议内容是否损害社会公共利益。通过向生态环境部门调取文件、现场勘查、询问村民等方式调查取证；同时组织召开专家论证会，委托专家实地查看，就和解协议内容、修复可行性、是否违反法律规定等进行论证。专家论证认为和解协议在未对被污染地是否具有实际修复可行性论证的前提下，随意约定侵权人自行修复受损环境，并约定侵权人完成自行修复后不再承担生态损害赔偿责任，缺乏第三方有效参与和监督，不足以保护社会公共利益。其次，检察机关经调查核实确认和解协议不能使受损生态环境得到有效修复，损害了社会公共利益，向法院提出书面异议。二审法院审查后，对和解协议效力不予确认，驳回上诉并维持一审判决。最后，法院如未采纳检察机关提出的书面异议而出具调解书，损害社会公共利益的，检察机关应当依法提出抗诉或者再审检察建议；在协议生效后发现的，应当依职权主动开展监督。

办案实践与思考

涉环保监管职责行政公益诉讼难点与应对

王 冲 胡婷婷*

一、 基本案情

松花江作为吉林省的母亲河，串联起吉林省境内 80% 的河湖系统，相关流域生态系统保护十分重要。吉林省德惠市朝阳乡辖区内某荒地垃圾就地堆放，形成两处大规模垃圾堆放场，截至 2017 年已存在 10 余年。该垃圾堆放场位于松花江两岸堤防之间，占地面积巨大，主要为破旧衣物、餐厨垃圾、农作物秸秆、塑料袋等生活垃圾和农业固体废物，也包括部分砖瓦、石块、混凝土等建筑垃圾。该垃圾堆放场未作防渗漏、防扬散及无害化处理，常年散发刺鼻气味，影响松花江水质安全和行洪安全。

二、 检察机关履职情况

（一）行政公益诉讼诉前程序

吉林省德惠市人民检察院（以下简称德惠市院）在开展

---

* 王冲，吉林省人民检察院第八检察部四级高级检察官；胡婷婷，最高人民检察院第八检察厅三级高级检察官。

"服务幸福德惠，保障民生民利"检察专项活动中发现该案件线索，经初步调查认为，垃圾堆放场污染环境，影响行洪安全，损害社会公共利益，遂于2017年3月31日对该线索立案调查。经专业机构测绘和鉴别，两处垃圾堆放场总占地面积2000余平方米，垃圾总容量为6000余立方米，垃圾堆放场堆存物属于典型的农村生活垃圾，垃圾堆放处未见防渗漏等污染防治设施，产生的渗滤液可能对地表水及地下水造成污染，散发的气体中含有硫、氨等元素，对空气造成一定污染。相关专家建议对堆存垃圾尽快做无害化处置。

德惠市院根据《中华人民共和国环境保护法》（以下简称《环境保护法》）、《中华人民共和国固体废物污染环境防治法》等相关规定，认为德惠市朝阳乡人民政府（以下简称朝阳乡政府）对本行政区域环境保护负有监督管理职责，对违法堆放的垃圾有责任进行清运处理，遂向朝阳乡政府发出检察建议。因该案同时涉及河道安全，德惠市院同步向德惠市水利局制发检察建议，督促其依法履行河道管理职责，对擅自倾倒、堆放生活垃圾的行为依法进行处罚，恢复河道原状。收到检察建议后，德惠市水利局对案件现场进行了勘查并调取垃圾存放位置的平面图，确认两处垃圾堆放场均处于松花江两岸堤防之间，影响流域水体及河道行洪安全，属于松花江河道管理范围，遂派员到朝阳乡进行了检查督导，并责令朝阳乡政府及时组织垃圾清理。

2017年5月12日，朝阳乡政府回复称对检察建议反映的问题高度重视，已制定垃圾堆放场整治方案。德惠市院对整改情况跟进调查发现，垃圾堆放场边缘地带陆续有新增的垃圾出现，朝阳乡政府在未采取防渗漏等无害化处理措施的情况下，雇佣人员、机械用沙土对堆放的垃圾进行掩埋处理，环境污染未得到有效整治，公益持续受损。

（二）提起行政公益诉讼

2017 年 6 月 27 日，德惠市院对该案提起行政公益诉讼，请求：（1）确认被告朝阳乡政府对垃圾堆放处理不履行监管职责违法；（2）判令朝阳乡政府立即依法履行职责，对违法形成的垃圾堆放场进行处理，恢复原有的生态环境。朝阳乡政府辩称，垃圾堆放场属于松花江河道管理范围，监管主体是水利行政机关，其依法不应承担对案涉垃圾堆放场的监管职责。

2017 年 12 月 25 日，德惠市人民法院作出一审行政裁定认为，本案垃圾是德惠市朝阳乡区域的生活垃圾，该垃圾堆放场位于松花江国堤内，属于松花江河道管理范围，其监管职责应由有关行政主管部门行使，朝阳乡政府只对该事项负有管理职责，不是本案适格的被告，裁定驳回德惠市院的起诉。

2018 年 1 月 4 日，德惠市院提出上诉认为，一审裁定在认定朝阳乡政府有管理职责的前提下，认定其不是适格被告，于法无据。长春市中级人民法院二审审理认为，行政机关对生态环境行政管理职责包括两方面的含义：一是运用公共权力使用公共资金，组织相关部门对生态环境进行治理；二是运用公共权力对破坏生态环境的违法行为进行监督管理。《行政诉讼法》第 25 条第 4 款规定的"监督管理职责"应当不包括第一个方面的管理职责。检察机关引用的法律法规及相关文件仅宏观规定了乡镇政府负责辖区内环境保护工作，但没有具体明确如何负责。因此，朝阳乡政府是否履行清理垃圾的职责不受行政诉讼法调整；朝阳乡政府不是履行对破坏生态环境的违法行为进行制止和处罚的监督管理职责的责任主体。2018 年 4 月 20 日，长春市中级人民法院作出二审裁定，驳回检察机关上诉，维持原裁定。

（三）提出抗诉

2018 年 6 月 25 日，吉林省人民检察院（以下简称吉林省院）以二审裁定适用法律错误为由对该案提出抗诉，认为行政诉讼法律体系对"监督管理职责"未做任何限定和划分，而二审法院将行政机关的法定监管职责区分为治理职责和对违法行为的监管职责，提出"目前行政诉讼有权调整的行政行为应当限定在行政机关运用公共权力对破坏生态环境的违法行为进行监督管理的范围内"，是对"监督管理职责"进行限缩解释，不符合立法原意，法律、行政法规、地方性法规以及从省级到县级关于生态环境保护工作职责的文件，都明确规定了乡镇人民政府对于辖区环境卫生的监管职责，因此应认定朝阳乡政府对其乡镇辖区存在的生活垃圾处理负有监管职责。

2019 年 5 月 29 日，吉林省高级人民法院（以下简称吉林高院）对本案组织了听证，吉林省院和德惠市院、朝阳乡政府共同参加了听证会。2019 年 12 月 30 日，吉林高院经审理作出再审裁定认为：本案争议的焦点是朝阳乡政府对其辖区范围内环境卫生是否负有监督管理职责。环境是典型的公共产品，环境卫生的"监督管理职责"具有一定的复杂性，并非某一行政部门或某级人民政府独有的行政职责。因此，对于垃圾堆放等破坏辖区范围内环境卫生的行为，乡级人民政府应当依法履行"监督管理职责"。本案中，案涉垃圾堆放地点位于朝阳乡辖区，朝阳乡政府具有"监督管理职责"，德惠市院提起的公益诉讼符合行政诉讼法规定的起诉条件，本案应予实体审理。法律、法规、规章或其他规范性文件是行政机关职责或行政作为义务的主要来源，这其中无论是明确式规定，或者是概括式规定，都属于行政机关的法定职责范畴，二审沿用"私益诉讼"思路审理公益诉讼案件，忽略了环境保护的特殊性，对乡级人民政府环境保护"监督管理职责"作出限缩解释，确有不妥，本院予以纠正。裁定：支持吉林省院的抗诉意见，撤销一审、二审裁定，指定德惠市人民法院重新审理。

2020 年 9 月 18 日，德惠市人民法院重新审理本案。在此期间，因朝阳乡政府已对案涉垃圾堆放场进行了清理，德惠市院撤回了第二项关于要求朝阳乡政府依法履职的诉讼请求，保留第一项确认违法的诉讼请求。2020 年 12 月 28 日，德惠市人民法院作出行政判决：确认朝阳乡政府原不依法履行生活垃圾处理职责违法。朝阳乡政府未提出上诉，该判决已生效。

三、 办案重点难点问题和应对思路

（一）监督对象的确定

本案存在多个负有监督管理职责的行政机关不履行职责的情况，按照生态环境保护领域划分，对于农村生活垃圾的监管责任应归属地方政府，但由于案涉垃圾堆放于河道内亦涉及行洪安全，作为监管主体的水利部门同样具有监管职责，是择一监督，还是同时监督两个行政机关，成为办案人员面临的一大难题。根据《环境保护法》《防洪法》《河道管理条例》等相关法律法规的规定，朝阳乡政府和德惠市水利局均在各自职责范围内对案涉垃圾堆具有监管职责，故检察机关对两个行政机关均发出了检察建议。接到建议后，两家行政机关均采取了相应的措施。德惠市水利局还在职责范围内对朝阳乡政府进行了检查督导，责令朝阳乡政府及时组织清理垃圾。整改期限届满后，检察机关认为德惠市水利局已在职责范围内依法督促朝阳乡政府对案涉垃圾堆进行清理，其虽然对河道内阻碍行洪安全的障碍物具有代履行权，但

鉴于案涉垃圾堆形成的直接责任主体朝阳乡政府也是行政机关，且同为公益诉讼的监督对象，在此种情况下，可以视德惠市水利局对案涉垃圾堆放场已依法履行监管职责。但朝阳乡政府作为案涉垃圾堆放行政区域的直接监管主体，在整改期限届满后，仍未依法依规对案涉垃圾堆放场进行清理，不能认定其依法全面履行了职责。因此，德惠市院决定对朝阳乡政府提起行政公益诉讼。

（二）对于二审败诉的行政公益诉讼案件如何监督

本案二审败诉发生在 2018 年 4 月，彼时检察公益诉讼制度刚刚通过立法正式确立，还没有制定办案规则等规章制度，很多工作程序尚处于摸索阶段，检察机关提起诉讼的案件中，还没有二审败诉的情况出现。"两高"《关于检察公益诉讼案件适用法律若干问题的解释》（以下简称《公益诉讼适用法律解释》）中也只规定了人民检察院不服一审判决、裁定可以上诉。在这种情况下，本案二审败诉后的走向，将对全国检察公益诉讼案件二审后的发展产生影响，是由原起诉检察院以普通当事人的身份按照行政诉讼法的相关规定向省法院申请再审，还是在检察公益诉讼案件中体现检察机关区别于一般当事人的诉讼地位，由上级机关直接提出抗诉，在司法界引发了广泛的讨论。吉林省院负责指导本案办理的团队认为，检察机关在公益诉讼过程中既是公共利益的代表，也是宪法规定的法律监督机关，应当在诉讼中体现出有别于一般当事人的特殊地位和权利。在办案当时法律框架下，根据行政诉讼法的规定，上级人民检察院发现下级人民法院已经发生法律效力的诉讼判决、裁定确有错误，应当依法提出抗诉，这一规定也适用于公益诉讼判决、裁定。在向吉林高院提出抗诉前，吉林省院通过与吉林高院就相关法律适用进行座谈，就案涉相关问题召开专家论证会等方式，充分沟通和交换意见，最终对二审生效公益诉讼案件上级检察院可以依法提出抗诉这一问题形成了一致意见。吉林省院通过抗诉的方式启动了本案的再审程序，吉林高院采纳了吉林省院的抗诉意见，撤销了一审、二审裁定，有效地维护了社会公共利益。

（三）对行政机关"监督管理职责"的理解

本案二审法院提出"监督管理职责"应当不包括行政机关"运用公共权力、使用公共资金，组织相关部门对生态环境进行治理"的管理职责，朝阳乡政府不是履行对破坏生态环境的违法行为进行制止和处罚的监督管理职责的责任主体，其是否履行清理垃圾的职责不受行政诉讼法调整，并以此为由驳回了检察机关的上诉。这与检察机关对"监督管理职责"的理解有明显的差异。检察机关认为《行政诉讼法》第25条第4款规定的"监督管理职责"，不仅包括行政机关对违法行为的行政处罚职责，也包括行政机关为避免公益损害持续或扩大，依据法律、法规、行政规章和规范性文件相关授权，运用公共权力、使用公共资金等对受损公益进行修复等综合性治理职责。检察机关提起行政公益诉讼，其目标是通过督促行政机关依法履行监督管理职责来维护国家利益和社会公共利益。行政公益诉讼应当聚焦受损的公共利益，督促行政机关按照法律、法规、行政规章以及其他规范性文件的授权，对违法行为进行监管，对受损公益督促修复；在无法查明违法主体等特殊情形下，自行组织修复，发挥其综合性管理职责。《地方各级人民代表大会和地方各级人民政府组织法》《环境保护法》等法律赋予基层人民政府对辖区环境的综合性管理职责，对于历史形成的农村垃圾堆放场持续污染环境的情形，基层人民政府应主动依法履职进行环境整治，而不能将自身履职标准限缩于对违法行为的行政处罚，放任辖区内环境污染持续。

针对二审判决提出的问题，吉林省院主动与吉林高院进行沟通，充分阐述观点并辅以同类型判例为参考，有效地与吉林高院达成共识，确保了办案效果。

（四）对于重审中诉讼请求的调整

《公益诉讼适用法律解释》第 24 条规定："在行政公益诉讼案件审理过程中，被告纠正违法行为或者依法履行职责而使人民检察院的诉讼请求全部实现，人民检察院撤回起诉的，人民法院应当裁定准许；人民检察院变更诉讼请求，请求确认原行政行为违法的，人民法院应当判决确认违法。"上述条文虽然对检察机关提起行政公益诉讼案件的撤诉和变更诉讼请求作出了原则性规定，但在实践操作层面，如何区分撤回起诉和确认违法的适用条件并没有加以明确，各地对该条文的理解和适用缺少统一标准。

本案在发回重审后，德惠市院对本案应撤回起诉还是撤回要求继续履职、保留确认违法的诉讼请求方面产生了分歧。一种观点认为，在本案的审理过程中，朝阳乡政府已完成了对案涉垃圾堆放场的清理和处置工作，并希望检察机关对该案进行撤诉处理，在这种情况下，检察机关维护公益的目的已经实现，可以通过撤回起诉的方式，审结此案。另一种观点认为，虽然在案件审理过程中，朝阳乡政府已经依法履行职责并完成了对案涉垃圾堆放场的清理和处置工作，但朝阳乡政府对其辖区内垃圾处置应负有的履职尽责标准仍然存在不同认识，撤回起诉不能实现检察机关提起公益诉讼的全部目标，建议保留确认违法的诉讼请求。吉林省院在指导该案办理过程中认为，本案系检察公益诉讼试点工作开展以来全国首例检察机关针对行政公益诉讼败诉案件提出抗诉的案件，社会关注度较高，虽然在本案的诉讼过程中，被告朝阳乡政府已完成了对案涉垃圾堆放场的清理和处置工作，本案维护公共利益的目标已经实现，但被告在履行职责的同时对检察机关提起行政公益诉讼认定其应负的履职义务仍然存在异议，在此种情况下，应当保留确认违法的诉讼请求，由人民法院通过裁判明确行政机关履职的法定标准，更有利于促进形成行政执法与司法共识，为其他同类型案件作出指引。最终德惠市院保留了确认被告朝阳乡政府对垃圾堆放处理不履行监管职责违法的诉讼请求，并赢得了人民法院的判决支持。

检察公益诉讼推动重大生态环境修复治理探析

杨慧侠　刘盼盼　刘家璞*

一、 基本案情

山西浑源某煤业有限公司等 32 家煤矿、花岗岩矿、萤石矿等矿企，分别地处恒山国家级风景名胜区、恒山省级自然保护区和恒山国家森林公园及周边（以下简称恒山风景名胜区及周边），在其开采和经营过程中，违反生态环境保护和自然资源管理法律法规，长期实施非法采矿、非法占地、非法排污及无证经营等行为，致使当地煤炭、花岗岩等矿产和耕地、林草资源遭受严重破坏。山西浑源某煤业有限公司矿区在未办理建设用地使用手续的情况下非法占用农用地，造成农用地大量毁坏，涉及耕地面积达 9305 亩，其他矿企也分别长期存在越界开采煤炭资源等违法行为，违法开采造成生态环境受损面积达 8.4 万余亩，经济损失约 9.5 亿元。

* 杨慧侠，山西省人民检察院第八检察部三级高级检察官；刘盼盼，江苏省徐州市人民检察院第七检察部检察官助理；刘家璞，最高人民检察院第八检察厅二级高级检察官。

二、 检察机关履职情况

(一) 线索发现和立案调查

2017 年 12 月，山西省人民检察院（以下简称山西省院）通过公益诉讼大数据信息平台收集到多条反映浑源县矿企破坏恒山风景名胜区及周边生态环境和自然资源的线索，报告最高检后，最高检挂牌督办，山西省院启动一体化办案机制，统筹推进省、市、县三级检察院开展立案调查。通过调取涉案地区卫星遥感图片和无人机航拍照片，初步查实恒山风景名胜区及周边露天开采矿企底数、生态破坏面积等基本情况。经委托专门鉴定机构现场勘查测绘，针对不同矿企制作现场平面图、三维建模图等，检察机关摸清了生态环境和资源遭受破坏情况并及时固定证据。初步认定案涉违法事实和环境资源遭受侵害情况。2018 年 9 月 3 日，浑源县人民检察院（以下简称浑源县院）决定作为公益诉讼案件立案办理，此后大同市辖区内其他相关检察院也经指定管辖先后依法立案。

(二) 督促履职

根据查明的违法情形及损害后果，结合行政机关法定职责，检察机关研判认为，自然资源、林草、生态环境、应急管理、水务、市场监管部门及乡（镇）政府等行政机关负有监管职责，且不同的矿产资源、林地权属及矿企的违法行为由不同层级的行政机关监管，其中涉及省市级自然资源部门、市县级林草部门和县级自然资源、应急管理、生态环境、市场监管等部门。多年来，上述相应的行政机关对涉案矿企的违法行为曾采取过罚款、没收违法所得等监管措施，但环境资源受损状况并未改观甚至日益加剧。

2018年8月至12月，大同市两级检察机关针对花岗岩矿、萤石矿、粘土砖矿企业实施的破坏生态环境和自然资源违法行为，根据同级监督原则，分别向负有监督管理职责的相应行政机关发出检察建议，督促对涉案矿企违法行为依法全面履行监管职责。

鉴于该案涉及矿企数量众多，违法和公益损害情形多样，涉及不同层级多个行政机关，大同市人民检察院（以下简称大同市院）统筹辖区办案资源，除浑源县院外，将该案相关具体线索分别指定辖区多个县级检察院管辖，云冈区、广灵县、左云县、平城区、天镇县人民检察院根据大同市院指定，先后向大同市国土资源局、林业局，浑源县国土资源局、林业局、安监局及浑源县青瓷窑乡、千佛岭乡政府等行政机关发出诉前检察建议并持续跟进，相关行政机关均按期回复，查处整治、植被恢复等整改任务都已落实到位。

山西省自然资源厅系本案中5家煤矿企业采矿许可证发证机关，对其违法行为负有监管职责。2019年1月21日，山西省院向山西省自然资源厅发出行政公益诉讼诉前检察建议，督促其对涉案煤矿企业破坏资源环境和耕地的违法行为依法全面履行监管职责。同年1月29日，山西省自然资源厅函复山西省院，对被非法占用的耕地和基本农田及时组织补划工作，协调开展技术评审。该厅派员赴大同市、浑源县对接查处整治和生态修复工作并全程指导。同年3月19日，该厅书面回复山西省院，已在全省开展严厉打击非法用地用矿专项行动，并组织对破坏资源的鉴定工作，建议动用5家煤矿企业预存的5500万元土地复垦费用直接用于生态修复，联合省财政厅下达专项资金支持浑源县开展露天矿山生态修复。

为督促相关省级行政机关加大对案涉下级主管部门的行政执法监督和指导力度，2019 年 1 月 29 日，山西省院向省市场监督管理局、省应急管理厅、省生态环境厅、省林业和草原局等行政机关发出社会治理检察建议，建议上述机关分别针对涉案煤矿无安全生产许可证开采经营、无环评手续非法生产、擅自倾倒堆放固体废物、违法占用林地等违法行为督促大同市、浑源县有关部门依法及时查处。上述四厅局迅即向大同市、浑源县通报情况并实地督导，在项目规划、资金筹措、技术支持、法规适用等方面跟踪指导并相互配合，确保生态修复有序推进。

鉴于案情重大复杂，山西省院在办案过程中及时就案件进展情况向最高检和山西省委请示汇报，最高检持续进行督办，山西省委常委会专题研究并成立整治浑源县露天矿山开采破坏生态环境专项工作领导小组，扎实推动相关整改工作。

（三）综合整治成效

相关行政机关收到检察建议后，均在法定期限内予以回复，依法全面履职，整治涉案矿企违法违规行为，积极推进生态修复。通过采取注销采矿许可证、拆除、搬迁等措施，使涉案矿企违法违规开采及破坏环境资源违法行为得到全面遏制，部分花岗岩矿和粘土砖矿已完成搬迁拆除或注销，对涉案 5 家煤矿根据违法违规情形责令逐步分批分期退出。

在该案办理过程中，检察机关根据调查核实掌握的证据，就有关公职人员不依法履行监管职责、大面积耕地被非法占用等情况进行研判，向纪检监察机关移送公职人员违纪违法线索 92 件，其中 77 人受到党政纪处分，9 人被追究刑事责任；向公安机关移送涉嫌非法占用农用地等涉嫌犯罪线索 31 件，公安机关立案侦查 35 人，检察机关向人民法院提起公诉 30 人。

当地政府制定了恒山风景名胜区及周边生态修复整治方案，提出"一年见绿，两年见树，三年见景"的生态修复目标。截至 2021 年底，修复工程完成矿山生态治理面积 5.39 万亩，其中恢复林地耕地 1.1 万亩，栽种各类树木 348.55 万株，铺设各类灌溉管网 16.525 万米，累计投入 10 亿余元。其余受损生态也在按修复整治方案因地因势治理中。

三、 案件办理重点

本案是重大复杂敏感的生态环境和资源保护领域行政公益诉讼案件，涉案矿企多年非法开采，大肆破坏恒山国家级风景名胜区等自然保护地生态环境，自然资源遭受严重侵害，在较长时期内该情况虽屡有群众举报和媒体披露，但并未得到有效解决，成为当地社会治理的一大难点，是难啃的"硬骨头"案。办理这类案件，检察机关须充分运用政治智慧、法治智慧和检察智慧，精准把握检察监督定位，在能动司法的同时积极融入社会协同治理，从本案办理过程来看，有三个重点值得关注借鉴。

（一）办理重大复杂生态环境公益损害案件必须紧紧依靠党委领导，最大限度凝聚解决问题的合力

本案矿企破坏生态问题时间跨度久远、政策背景复杂、公益损害严重、社会关注度很高，是当地政府多年想要解决却未能解决的难题，检察机关调查核实初期也面临重重困难。对此，山西省院积极争取最高检支持，在全面掌握关键证据的基础上，第一时间向省委汇报，引起省委、省政府高度重视及大力支持，公益诉讼检察监督程序得以顺利启动。时任山西省委主要领导对本案作出专门批示，省委常委会专题研究并成立省领导担任组长和副组长的查处整治浑源县露天矿山开采破坏生态环境专项工作领导

组，省领导赴浑源县实地调研案件办理情况。省、市、县相关行政机关在收到检察建议后积极整改，生态修复系统工程有序推进。

在这一过程中，检察机关主动将检察履职纳入推动治理的系统工程，始终坚持法律监督定位，不越位不缺位，积极融入省委统一领导下的生态治理大格局。同时，大同两级检察机关公益诉讼检察部门在办理该案过程中，强化与刑事检察部门的协同配合，对发现的涉嫌犯罪或者职务违法违纪线索依托检察一体化机制移送刑事检察部门或根据有关规定移送纪检监察、公安等有管辖权的主管机关，刑事检察部门通过履行侦查监督、提起公诉等职能，严厉惩治破坏环境资源保护等犯罪及其背后的职务犯罪，强化了公益保护的综合治理效果。

（二）在同级监督原则下以"诉前检察建议＋社会治理检察建议"方式促使行政机关上下联动推动整改

本案涉及的违法情形种类较多，如非法采矿、违法占地、非法排污、无证经营等，受到侵害的自然资源种类也较多，包括煤炭、花岗岩、萤石矿等矿产和耕地、林地、草地等。根据相关法律法规，针对不同违法情形和不同自然资源，负有监督管理职责的行政机关相应呈现多层级、多部门特点，涉及山西省、大同市、浑源县三级自然资源、生态环境、林业和草原、市场监督等部门及多个乡镇政府。对于如此复杂的整改主体，检察机关务必厘清违法情形、资源种类与行政机关的一一对应关系，在同级监督的框架内由相应检察机关实施精准监督，必要时通过指定管辖合理调配办案力量。本案中，山西省院向山西省自然资源厅、大同市院指定部分县级检察院向大同市林业局和国土资源局，浑源等县级检察院向县级自然资源、林草、生态环境、市场监督等部门分别发出诉前检察建议，确保检察监督在"同级"原则内开展。

与此同时，为更好保障省委查处整治总体部署落地见效，形成行政机关上下级联动整改的局面，山西省院向本案所涉主要行政机关对应的省级政府部门发出社会治理检察建议，这些省级部门对违法情形并不负有直接监管职责，但其对下级执法依法负有组织领导和监督指导责任。办案实践证明，这些社会治理类检察建议很好地起到了情况通报和督促的作用，极大触动了部分行政机关上下"分层而治"的格局。本案融合诉前检察建议和社会治理检察建议的做法产生了较强的层层传导整改压力的作用，为引起行政机关足够重视，从而为实现受损生态全面修复提供了强大司法助推。

（三）以检察一体化破解调查核实难题，全面掌握启动案件的"第一手资料"

本案生态破坏面积达 8 万余亩，涉及煤、花岗岩、萤石、耕地、林地、草地、水等多种自然资源，涉案矿企 32 家，且公益损害持续多年，严重复杂的生态和资源破坏情况对检察机关的调查核实能力提出较高要求，然而彼时检察公益诉讼的社会影响力还比较小，调查核实手段相对有限且刚性不足，调查初期检察官办案组进入现场极其困难，相关行政机关配合也不到位，检察机关拟采用的实地勘查、向行政机关调取执法卷宗、询问等手段难以发挥功效，收集能够支撑立案办理的生态环境损害情况、行政机关履职情况等基本证据困难重重，调查一度陷入僵局。

对此，山西省院第一时间向最高检汇报并得到大力支持，最高检技术鉴定部门运用卫星遥感技术调取了案涉地"卫片"执法数据，大同市院巧妙把握时机进行无人机航拍并同步从外围调取相关书证等证据,通过"空天地"一体化技术保障手段初步查实涉案露天开采矿企底数、生态破坏面积等基本情况。在此基础上,大同两级院立案后迅速委托专门鉴定机构进行现场勘查测绘,针对不同矿企制作现场平面图、三维建模图等,全面确定了生态环境和资源遭受破坏情况并固定证据。依托四级检察机关协同联动,公益损害事实等"第一手资料"得以获取,为争取省委省政府、大同市委市政府支持,实现检察监督及与纪检、公安实现衔接奠定了基础。

四、 案件办理路径思考

实践中,少数地方"以牺牲环境利益换取经济利益"的发展理念仍然存在,环境资源损害问题时有发生,"公地悲剧"一再上演,法治政府建设亟待加强。检察公益诉讼制度正是基于这样的社会治理需求应运而生,如何将这项检察职能履行好,在重大生态环境公益保护中体现制度本意,是我们应当深入思考的问题。

(一) 充分理解运用检察公益诉讼在推动解决重大环境资源损害问题方面的制度优势

习近平总书记在党的十八届四中全会上专门对探索建立检察机关提起公益诉讼制度进行说明,强调"由检察机关提起公益诉讼,有利于优化司法职权配置、完善行政诉讼制度,也有利于推进法治政府建设"[1]。可见,"促进依法行政,推进法治政府建设"是检察公益诉讼制度设计的重要出发点。检察机关提起公

---

① 《习近平关于〈中共中央关于全面推进依法治国若干重大问题的决定〉的说明》,载人民网,http://jhsjk.people.cn/article/25927958。

益诉讼作为基于检察机关法律监督职能衍生的特殊司法制度，其诉前程序设计先天具有"保障行政权自主性，提高违法问题解决效率"的特点。就本案而言，虽案情复杂、公益损害严重，但自2018年立案办理到2020年底基本实现受损生态修复历时仅2年多，充分体现了诉前程序在推进生态修复治理方面的独特优势。

案涉浑源矿企破坏环境资源情形之所以长期存在，一方面是违法主体未能自觉守法，另一方面是相关行政机关未能严格执法，而行政公益诉讼诉前程序以成本最小、效率最高的方式实现了对二者的监督。本案中，省、市、县检察院通过向相应层级行政机关制发诉前检察建议和社会治理检察建议，带动省内相应部门整个条线同向发力，各司其职解决问题，以法律监督督促行政执法，体现了公益保护"行政优先"原则，保障了行政权自治，节约了司法资源。同时，相较于诉讼程序，公益诉讼诉前程序是多主体参与的开放式沟通过程，本案中，山西省、大同市及浑源县党委、政府、纪检监察、公安等均参与其中，较容易将行政监管尚未发现或不愿呈现的问题揭示出来，而这些问题往往涉及立法、执法等深层次问题，而以检察公益诉讼为纽带，参与各方以"维护公共利益"为出发点和落脚点，立足职能就相关问题达成一致意见，能够极大促进诉源治理，使案件的治理效果得以深化和扩大。此外，在办案过程中，山西省院将诉前程序中所制发的检察建议向山西省人大、省委和最高检分别进行汇报、抄送，在更高层面推动了执法不严等问题的解决，同时收到积极的普法效果，使检察公益诉讼整个办案过程成为一场生动的法治公开课。

需要注意的是，实践中多数检察公益诉讼案件在诉前成功解决，诉前程序已成为制度主体。虽然通过"非诉"程序实现了公益保护目的，但由司法裁判作为最终救济手段即提起诉讼仍是检察公益诉讼制度的重要保障，因而应当以诉讼标准履行诉前程序，做到调查核实程序规范、诉前检察建议精准、跟进整改到位、审查起诉及时。

（二）将"双赢多赢共赢"理念切实具体地贯穿于公益诉讼检察办案全过程

本案是检察机关在"双赢多赢共赢"理念指导下办理的具有指导意义的案例。要清醒地认识到，法律监督不是高人一等，而是要求技高一筹，特别是办理社会关注度高、影响面大的环境资源案件，要从政治的高度、政策的维度和法治的角度充分研判、准确把握，稳妥掌握监督时机和分寸，兼顾政治效果、社会效果和法律效果。为此，首先要找准切入点，赢得认同支持。重大环境资源问题一般都是党委政府和人民群众的重大关切，本案公益侵害问题是当地乃至山西生态文明建设进程中的"老大难"和"硬骨头"，是政府长期以来想要解决而尚未解决的问题。检察机关以服务大局、助力打赢污染防治攻坚战为切入点能动履职，克服重重阻力调查核实，全面掌握事实证据，以司法办案方式帮助解决治理难题，赢得党委、政府高度认同和支持，这是办好重大复杂案件的必要前提。其次要兼顾各方面效果，优化司法环境。如本案例所示，重大生态破坏治理是庞大的系统工程，靠检察机关一己之力难以实现全面修复，检察机关应主动融入党委统一领导下的协同治理格局，与纪检监察、公安、法院、行政机关等建立协作配合机制，在专家辅助人等专业人员的参与下就公益保护开展沟通交流和对话协商，寻求更多共识，为办案和整改营造良好氛围，努力在保护公共利益过程中引入更多力量，实现"双赢多赢共赢"良好局面。最后，要努力提高检察司法资源的

"投入产出比"。司法资源客观上具有有限性，在办案过程中，要将宝贵的公益诉讼监督资源用在"提高质效"这个"刀刃"上，用在"推进社会治理"这个关键上，在努力追求诉前实现公益保护目的价值追求的同时，体现好起诉的基石作用。在办案途径上，要选择运用司法成本小、速度快、效果好的方式实现公益诉讼检察监督功能和目标。

（三）充分发挥检察一体化机制优势

在本案的调查核实、制发检察建议、跟进监督、推动整改、进行舆论引导及与党委、人大、政府等各方面沟通协同过程中，四级检察机关始终以"一盘棋"方式统筹推进，最终实现办案成效最大化。公益诉讼检察实践证明，检察一体化机制是啃"硬骨头"案的必用法宝。

首先，发挥好检察职能一体化优势。本案破坏环境资源的主体涉及 32 家矿企，违法情形有越界开采、擅自改变开采方式、违法占用耕地林地、排放煤矸石污染环境、无证开采经营等十余种，破坏面积 8 万余亩。涉及的检察职能除公益诉讼外，还有刑事检察、民事检察、检察技术、法警以及财务和后勤装备等，与这些部门的有序衔接与协同联动影响着办案进度和治理效果。

其次，发挥好上下层级一体化优势。调查核实阶段，对于承办检察院难以解决的技术、协调等问题，上级检察机关能够调动更高层面、更大范围的技术资源并有效排除地方干扰，促成事实证据尽快收集固定。诉前程序阶段，上下级检察机关共同锚定"尽快解决问题"这个目标，各尽所能，靶向发力，分别依法采取磋商、制发诉前检察建议或社会治理检察建议等检察监督手段，带动上下层级党委、政府、公安、法院等基于同样的公益保护目标推动治理。在本案中，省级层面专门成立查处整治领导小组，集中体现了上下一体的推动效果。

最后，发挥好检察长的作用。鉴于重大公益诉讼案件较强的政治性、政策性和法律性，检察长办案在内外协调、统筹推进、化解矛盾、排除干扰等方面发挥着重要作用。本案例中，省、市、县三级检察院检察长均为承办检察官，这种领导干部带头办理"硬骨头"案所具有的示范效应，对于强化公益诉讼治理效能、增强公益诉讼检察影响力具有重要作用。

适用生态环境惩罚性赔偿制度的检察实践

危欢 秦华 王莉[*]

一、 基本案情

2018 年 3 月至 7 月，位于浙江的 A 化工集团有限公司（以下简称 A 公司）生产叠氮化钠的蒸馏系统设备损坏，导致大量硫酸钠废液无法正常处理。该公司生产部经理吴某甲经请示公司法定代表人同意，负责对硫酸钠废液进行处置。在处置过程中，A 公司为吴某甲报销了两次费用。吴某甲将硫酸钠废液交由无危险废物处置资质的吴某乙处理。吴某乙雇请李某某，由范某某押运、董某某和周某某带路，在江西省浮梁县寿安镇八角井、湘湖镇洞口村两处地块违法倾倒 30 车计 1124.1 吨硫酸钠废液，致使周边约 8.08 亩范围内土壤和地表水、地下水受到污染，当地3.6 公里河道、6.6 平方公里流域环境受影响，造成 1000 余名群众饮水、用水困难。

二、 检察机关履职情况

江西省浮梁县人民检察院（以下简称浮梁县院）在办理吴

---

* 危欢，江西省人民检察院第八检察部检察官助理；秦华，江西省浮梁县人民检察院第二检察部一级检察官；王莉，最高人民检察院第八检察厅二级高级检察官。

某甲等 6 人涉嫌污染环境罪刑事案件时，发现公益受损的线索。浮梁县院即引导公安机关和督促生态环境部门固定污染环境的相关证据，并建议当地政府采取必要应急措施，防止污染进一步扩大。办案中，委托江西求实司法鉴定中心进行司法鉴定。经鉴定，浮梁县两处倾倒点的土壤表层均存在列入《国家危险废物名录》（2016 年版）中的危险废物叠氮化钠污染，八角井倾倒点水体中存在叠氮化钠且含量超标 2.2 倍至 177.33 倍不等，对周边约 8.08 亩的范围内环境造成污染；两处地块修复的总费用为 2168000 元，环境功能性损失费用为 57135.45 元。

浮梁县院经审查，对吴某甲等 6 人提起刑事诉讼。2019 年 12 月 18 日，江西省浮梁县人民法院以污染环境罪判处被告人吴某甲等 6 人有期徒刑 6 年 6 个月至 3 年 2 个月不等，并处罚金 5 万元至 2 万元不等。一审宣判后，吴某甲、李某某不服提出上诉，二审维持原判。

（一）民事公益诉讼诉前程序

因本案的环境污染侵权行为发生地和损害结果地均在浮梁县，且涉及的刑事案件已由浮梁县院办理，从案件调查取证、生态环境恢复等便利性考虑，应继续由浮梁县院管辖民事公益诉讼案件。江西省人民检察院经与江西省高级人民法院协商，分别将案件指定浮梁县院和浮梁县人民法院办理。2020 年 7 月 1 日，浮梁县院对本案立案审查并开展调查核实，同时调取了刑事案件卷宗和相关证据材料。

2020 年 7 月 2 日，浮梁县院发布公告，公告期满后，没有适格主体提起诉讼。

（二）提起民事公益诉讼

2020 年 11 月 17 日，浮梁县院以 A 公司为被告提起民事公益诉讼，诉请法院判令被告承担污染修复费 2168000 元、环境功能性损失费 57135.45 元、应急处置费 532860.11 元、检测鉴定费 95670 元，共计 2853665.56 元，并在国家级新闻媒体上向社会公众赔礼道歉。

案件审理中，民法典已于 2021 年 1 月 1 日正式实施。虽然案涉污染环境、破坏生态的侵权行为发生在民法典施行前，但是侵权人未采取有效措施修复生态环境，生态环境持续性受损，严重损害社会公共利益，为更有利于保护生态环境，维护社会秩序和公共利益，根据最高人民法院《关于适用〈中华人民共和国民法典〉时间效力的若干规定》第 2 条规定，本案可适用民法典的规定。A 公司生产部经理吴某甲系经法定代表人授权处理废液，公司也两次为其报销了产生的相关费用，吴某甲污染环境的行为应认定为职务行为，A 公司应承担污染环境的侵权责任。因公司工作人员违法故意污染环境造成严重后果，为更加有力、有效地保护社会公共利益，根据《民法典》第 1232 条之规定，A 公司除应承担环境污染损失和赔礼道歉的侵权责任外，还应承担惩罚性赔偿金。2021 年 1 月 3 日，浮梁县院依法适用民法典变更诉讼请求，增加要求 A 公司以环境功能性损失费的 3 倍承担环境侵权惩罚性赔偿金 171406.35 元的诉讼请求。

（三）案件办理结果

2021 年 1 月 4 日，浮梁县人民法院公开审理本案并当庭依法判决，支持检察机关全部诉讼请求。

一审宣判后，被告未上诉。判决生效后，被告主动将赔偿款缴纳到位。为修复被污染的环境，2021 年 9 月，浮梁县人民法院将被告缴纳的环境修复费用委托第三方依法公开招标确定修复工程施工主体，并邀请当地政府、环保部门和村民进行全程监督，目前被倾倒点生态环境修复治理已经完成。

三、 案件办理中的重点、难点问题

民法典总则编专门确立"绿色原则"，并在分编中多处体现节约资源和保护生态环境的理念。为加大对污染环境、破坏生态行为追责力度，《民法典》第 1232 条还专门规定了生态环境惩罚性赔偿制度。本指导性案例办理期间，民法典正式实施，本案的成功办理对适用惩罚性赔偿的范围、计算规则等具体问题的解决提供了有益的实践参考。

（一） 生态环境惩罚性赔偿的适用范围

民法典关于生态环境惩罚性赔偿的规定较为原则，司法实务界及理论界对其是否适用于公益诉讼存在较大分歧。一种观点认为惩罚性赔偿仅限于私益诉讼，主要理由包括：一是从文义解释的角度，《民法典》第 1232 条规定的"被侵权人"应当只限于人身或财产受侵害的特定民事主体；二是有权提起公益诉讼的主体与损害之间没有"直接利害关系"，缺乏主张惩罚性赔偿的请求权基础；三是从体系解释的角度，民法典中有关惩罚性赔偿的规定在公益诉讼规定之前，主要是针对私益损害的情形。①

本案办理时，检察机关认为在环境民事公益诉讼中可以依法提出惩罚性赔偿的诉讼请求。从立法目的及原意来看，环境污染和生态破坏不仅仅会造成人身和财产的损害，还会给生态环境本身带来损害。传统的补偿性损害赔偿，不足以弥补对生态环境造成的实际损失，在加强生态环境保护方面的作用也有限。民法典

---

① 王利明：《〈民法典〉中环境污染和生态破坏责任的亮点》，载《广东社会科学》2021 年第 1 期。

规定生态环境惩罚性赔偿目的就是为了弥补"同质补偿"的缺陷，对环境利益损害进行填补，同时发挥惩罚性赔偿制裁、威慑、预防等具有公法性质的潜在功能以提高环境违法成本，遏制污染环境、破坏生态的行为。环境检察公益诉讼制度旨在保护生态环境所承载的社会公共利益，与惩罚性赔偿制度功能具有一致性。本案中，污染事件发生后，当地部分居民因污染造成了人身损害等损失可以通过私益诉讼予以保护。但是污染还致使当地土壤、河道、河流环境受影响，这些损害都属于生态环境的损害，范围更广、影响更大，权益主体也不特定。在环境民事公益诉讼中，检察机关依法主张侵权人承担惩罚性赔偿责任，更能体现检察公益诉讼维护社会公共利益的宗旨，更加契合民法典保护生态环境的宗旨和本义。从文义解释的角度来看，"被侵权人"不应限于特定私益主体。破坏生态环境的侵害对象涉及一般社会公众的生态环境利益，实质是一种社会性损害。检察机关作为社会公共利益的代表，依法提起民事公益诉讼，旨在保护享有生态服务功能的不特定社会公众，也可以认定为"被侵权人"代表。从体系解释的角度看，《民法典》第 1232 条是"环境污染和生态破坏责任"一章的一般规定，第 1234 条、第 1235 条则是该章特殊规定。若为第 1234 条、第 1235 条没有特殊规定的情形，则检察机关可以适用第 1232 条即环境侵权惩罚性赔偿等一般规定。①

综上，检察机关适用民法典主张生态环境惩罚性赔偿，能够在实现生态环境受损后果的填补、补救的同时，更好地惩罚和遏制损害生态环境的不法行为，威慑并预防同类型损害发生，有助

---

① 最高人民法院民法典贯彻实施工作领导小组主编：《中华人民共和国民法典侵权责任编理解与适用》，人民法院出版社 2020 年版，第 515－516 页。

于向社会公众传达环境保护理念，亦未突破侵权人需要为其破坏生态环境行为承担民事赔偿责任的预期。同时，检察机关通过个案开展惩罚性赔偿探索，也为完善生态环境保护司法制度提供了实践样本、积累了司法经验。本案办理后，《人民检察院公益诉讼办案规则》及最高人民法院《关于审理生态环境侵权纠纷案件适用惩罚性赔偿的解释》也明确，检察院在办理破坏生态环境和资源保护领域民事公益诉讼案件时，可以提出惩罚性赔偿的诉讼请求。

（二）生态环境惩罚性赔偿的计算规则

民法典对如何计算"相应"的惩罚性赔偿金并没有具体规定。本案办理时，亦无相关司法解释可以参考。在办案当时惩罚性赔偿制度框架下，检察机关办理食品药品安全领域民事公益诉讼案件时，往往是参照私益诉讼的标准确定惩罚性赔偿。根据相关法律法规及司法解释的规定，可以先以被侵权人所遭受的损失为计算基数，再乘以相应倍数以确定惩罚性赔偿。故确定生态环境惩罚性赔偿时，可以探索以生态环境损害的实际损失作为计算基数。但是生态环境损害是抽象的概念，检察机关在以生态环境损害作为计算基数主张惩罚性赔偿时，应当在符合法律规定情况下予以具体量化。

根据民法典及有关司法解释的规定，生态环境损害涉及的费用主要包括生态环境修复费用、生态环境修复期间服务功能损失、生态环境功能永久性损害造成的损失、应急处置费用及调查、鉴定评估费用等。惩罚性赔偿应当属于赔偿损失的特殊责任承担方式，而生态环境修复费用、应急处置费用属于恢复原状、消除危险的责任承担方式，是对直接受损生态环境的救济，如果再将其作为计算基数，有重复处罚之嫌。调查、鉴定评估费用也不能反映和衡量生态环境受损情况。根据《环境损害鉴定评估推荐方法（第Ⅱ版）》的相关规定，生态环境服务功能损失费用是指生态环境受到损害导致其向公众或其他生态系统提供服务能力的减少或完全丧失，不同于生态环境的直接损失，其与社会公众享有的生态环境权益更加密切相关。故以生态环境修复期间服务功能损失或生态环境功能永久性损害造成的损失作为计算基数，更加契合生态环境损害的本义，也可以通过环境损害赔偿鉴定评估的方式进行数额量化，更具合法性、合理性和可操作性。本案中，浮梁县院先后委托鉴定机构对倾倒废液是否造成土壤污染、生态修复所需的费用及倾倒废液造成的生态环境功能性损失费用进行评估。检察机关认为，根据相关鉴定意见，生态环境能够修复的，应当以生态环境受到损害至修复完成期间服务功能丧失导致的损失为基数计算惩罚性赔偿；生态环境不能修复的，则应当以生态环境功能永久性损害造成的损失为基数计算惩罚性赔偿。同时，检察机关应综合考量侵权人主观过错程度，损害后果的严重程度，生态修复成本，侵权人的经济能力、赔偿态度、受处罚情况等因素，提出请求判令赔偿的数额。

四、 案件办理相关思考

检察公益诉讼制度是生态文明建设的重要制度保障，检察机关要充分发挥职能作用，激活制度优势，以法治方式参与生态环境违法行为惩治、生态环境治理与保护。

（一）依法主张企业生态环境民事责任

依据有关法律法规，危险废物污染环境防治坚持"污染者负担"原则。危险废物的产生者应当依法采取处置措施，防止或者减少生产对环境的污染，对其所造成的环境污染依法承担责任。本案中，A公司没有直接参与到污染环境行为当中，系其职工吴某甲私自委托他人非法处置硫酸钠废液，致使污染事件发生。作为直接侵权主体的吴某甲等人被依法追究刑事责任，A公司因不符合单位犯罪的构成要件而未被追究刑事责任。但危险废物产生者未按照法律法规规定的程序和方法将危险废物交由有处置资质的单位或者个人处置，属于违反污染防治责任的行为，应对由此造成的环境污染承担民事责任。根据《民法典》第1191条第1款，可以认定吴某甲的行为属职务行为，A公司应当承担用人单位责任。检察机关以A公司作为被告依法提起民事公益诉讼，从源头追溯企业的环境治理责任，是践行"污染者负担"原则的生动实践。

（二）合理选择公益诉讼类型

同一侵害公共利益的不法行为往往会产生刑事责任、民事责任、行政责任交织的情形，检察机关在办案中也面临着如何选择公益诉讼类型的难题。从检察公益诉讼的制度初衷来看，应当以行政公益诉讼为优先[①]，从而更好地实现公共利益救济的目的。但是若行政执法不足以修复受损的公共利益，则需要综合考虑案件情况和办案效果后，决定是否提起民事公益诉讼。

不同于传统的民事侵权之诉，检察机关提起民事公益诉讼，不仅包含对已造成公益损害的补偿，还体现了法律对于侵害行为的惩罚与制裁。若存在案件涉及金额少、社会公共利益危害不大或已经修复、耗费司法资源与诉讼效果不成正比等情形，检察机关可以选择不提起民事公益诉讼。若已对侵害公共利益的不法行

---

① 胡卫列：《当前公益诉讼检察工作需要把握的若干重点问题》，载《人民检察》2021年第2期。

为追究刑事责任，提起民事公益诉讼的目的已经可以被刑事诉讼所吸收和涵盖，提起民事公益诉讼则不必要；但当公共利益仍需要救济，且其他适格主体不主张时，则检察机关可以继续提起民事公益诉讼。若侵害公共利益的行为未达到犯罪标准时，公共利益亦未得以修复，检察机关可以提起民事公益诉讼，以防止形成放纵和变相激励该不法行为的导向，彰显"公益治理"的价值取向。

针对造成公益损害的犯罪行为，由于刑事诉讼与民事公益诉讼在证明标准、认定事实、举证责任等方面存在差异，应当从办案效率、公益保护效果、与刑事案件的衔接等角度，综合考虑是否单独提起民事公益诉讼。刑事附带民事公益诉讼兼顾了刑事诉讼的惩罚性以及公益诉讼恢复性司法的双重功能，当基于同一违法事实且主体一致时，可以提起刑事附带民事公益诉讼，若刑事案件与公益诉讼案件认定事实方面存在过大差异时，可以单独提起民事公益诉讼；当刑事诉讼被告人与民事公益诉讼被告不一致时，不能提出刑事附带民事公益诉讼的，亦可以单独提起民事公益诉讼。如本案中，因承担刑事责任和民事责任的主体不同，检察机关不能提起刑事附带民事公益诉讼，遂在刑事诉讼结束后，单独对 A 公司提起民事公益诉讼，要求企业对其处理危险废物过程中违反国家规定造成生态环境损害的行为，依法承担民事责任。

（三）严格审慎适用惩罚性赔偿

惩罚性赔偿是一种特殊责任，《民法典》第 1232 条明确规定了适用惩罚性赔偿的构成条件，即行为违法性、主观故意性和损害后果严重性。检察机关适用民法典主张环境侵权人承担惩罚性赔偿责任，应当严格把握法定的适用条件。

一是侵权行为具有违法性。社会生产发展需要对生态环境与自然资源进行合理的开发利用，国家为引导平衡生态环境保护与经济社会发展的关系，通过制定法律法规明确了相关标准与边界。侵权人实施的污染环境、破坏生态行为需"违反法律规定"，才具有被制裁的正当性。《环境保护法》《固体废物污染环境防治法》等均明确规定了生产、存储、运输、销售、处置固体废物的具体要求及责任承担方式。本案中，A公司产生的硫酸钠废液未交由有处置资质的单位或个人处理，违反了国家有关规定。

二是侵权人主观上存在故意。主张惩罚性赔偿不适用无过错责任，检察机关需要对侵权人主观上存在故意承担举证责任。本案中，A公司的生产部经理吴某甲在执行工作任务过程中，将案涉危险废物交由无处置资质的人员违法处置，放任污染环境危害后果的发生，具有主观上的故意，其职务行为与李某某等人倾倒行为直接结合，导致了环境受到污染。

三是损害后果要达到"严重"的程度。污染环境、破坏生态须已经实际对生态环境、不特定社会公众人身或国家财产等造成严重后果。检察机关认定生态环境损害是否造成严重后果以及量化损害程度时，可以依托鉴定机构的鉴定意见或者专家意见予以佐证。案涉倾倒废液的行为导致土壤、地表水受到污染，经鉴定机构认定严重破坏当地生态环境，还影响了当地村民生活用水和饮用水安全，存在危及不特定多数人生命健康安全风险。此外，进行应急处置亦花费政府大额资金，应当认定达到"严重"损害结果。

（四）发挥检察一体化机制优势

检察一体化机制是打通不同层级检察机关之间、不同检察业务条线之间、内部不同部门之间的有效路径。办理生态环境民事公益诉讼案件，运用好一体化办案机制，有利于激活各项检察职能，聚合检察资源，形成内部合力，拓展法律监督的广度和深度，增强保护生态环境的质效。

如本案中，在横向上，注重加强刑事检察、公益诉讼检察等各业务部门的紧密衔接，同向发力。刑事检察部门在办案时，将案件线索同步移送，确保公益诉讼检察部门在第一时间介入污染事件。同步委托鉴定机构对倾倒点是否存在土壤污染以及生态修复所需费用、环境功能性损失费用等进行司法鉴定，全面查清民事公益诉讼责任主体、损害结果等，刑事诉讼与公益诉讼协同推进，有效节约了司法资源，提高了公益保护时效性。在纵向上，各级检察院也发挥各自的职能作用，通过不同层级检察机关的接续接力，有效提升整体监督效能。最高检以及省、市级检察院提前介入，指导浮梁县院推进案件办理的进程。积极与同级人民法院进行沟通，协调解决案件管辖、惩罚性赔偿、生态修复等争议问题，统一共识。

（五）推动生态环境保护协同共治

生态环境保护是一项系统工程，需要社会各界共同参与。检察机关要树牢"双赢多赢共赢"理念，更主动融入社会治理，更好发挥检察公益诉讼的独特优势，凝聚生态环境保护协同治理合力。本案中，浮梁县院主动与生态环境、公安等部门强化沟通协调，加强在环境污染程度检测、应急处置、环境损害鉴定等环节的协作支持；在发现污染物超标，严重影响当地群众生活用水和饮用水安全的问题后，建议水利部门及时编制饮水工程设计方案，帮助当地政府采取必要的应急措施，并在民事公益诉讼中主张应急处置费用。当地政府也采取了新建饮水工程和洗衣码头等应急措施，有效地解决了村民饮水、用水问题。

检察机关对社会组织提起民事
公益诉讼开展监督之思考

王 浩 李 洋 牟 琦*

一、基本案情

2014 年 4 月至 9 月，B 石油化工有限公司（以下简称 B 石化公司）、C 化工有限公司（以下简称 C 化工公司）分别将 125 车 5107.1 吨、70 车 2107.2 吨废硫酸交由不具有危险废物处置资质的个人，违法倾倒至山东省淄博市淄川区某废弃煤井和渗坑中，造成严重环境污染。2017 年 3 月，淄川区人民检察院（以下简称淄川区院）以被告单位 B 石化公司、C 化工公司、被告人刘某等 14 人犯污染环境罪向淄川区人民法院提起公诉。2020 年 3 月，法院判决两被告企业犯污染环境罪，分别判处罚金 1000 万元、600 万元，其他被告人被依法判处有期徒刑 1 年 10 个月至 6 年 10 个月不等，并处罚金 2 万元至 45 万元不等。

2018 年 1 月，淄川区院将该公益诉讼案件线索移送淄博市人民检察院（以下简称淄博市院）。2018 年 3 月，淄博市院依法立案并发布民事公益诉讼诉前公告。2018 年 4 月，A 发展基金

---

* 王浩，山东省人民检察院第八检察部二级检察官助理；李洋，山东省淄博市人民检察院第六检察部副主任、一级检察官；牟琦，最高人民检察院第八检察厅三级高级检察官助理。

会向淄博市中级人民法院提起民事公益诉讼，请求两被告企业承担环境侵权责任，具体赔偿生态环境损害费用以鉴定或评估报告为准，未请求其他侵权人承担环境侵权责任。

经淄博市环境保护局淄川分局委托，山东省环境保护科学研究设计院出具检验报告，评估被污染场地的生态环境损害费用为14474.18万元。2019年12月，淄博市中级人民法院根据淄博市公安局淄川分局查明的事实及上述检验报告，鉴于涉案环境污染系两被告以及河北省三家单位倾倒废硫酸共同造成，综合考量两被告非法倾倒污染物的数量及生态环境恢复的难易程度、防治污染设备的运行成本、被告因侵害行为获得的利益以及过错程度等因素，作出一审判决：两被告因非法倾倒造成涉案地环境污染，应承担生态环境修复费用和生态环境服务功能损失费，由B石化公司承担生态损害赔偿金6000万元，由C化工公司承担生态损害赔偿金3000万元，分别支付至山东省生态环境损害赔偿资金账户。

B石化公司不服一审判决，上诉至山东省高级人民法院。二审期间，A发展基金会与两被告达成和解协议：A发展基金会同意B石化公司、C化工公司在分别承担6000万元和3000万元生态损害赔偿金范围内自行修复受损环境。如按照修复方案完成修复工作，A发展基金会不再要求B石化公司、C化工公司承担生态损害赔偿金等。三方当事人请求法院对和解协议效力予以确认，2020年10月9日，山东省高级人民法院对该和解协议予以公告。

二、 检察机关履职情况

淄博市院在和解协议公告期间得知协议内容，认为和解协议未达到有效修复受损生态环境的目的，如被法院司法确认，社会公共利益可能受到严重损害，遂向山东省人民检察院（以下简称山东省院）报告。山东省院经审查，决定一体化办案，并确定"调查核实、提出异议、跟进监督"的指导意见。

（一）调查核实

检察机关通过向生态环境部门调取文件资料，对被污染地进行现场勘验，询问当地村民，就环境修复问题咨询专业机构意见等方式调查取证，初步证明被污染地一直未修复，和解协议可能无法实现修复目的，损害社会公共利益。

检察机关会同市、区两级生态环境部门召开专家论证会，委托山东大学、山东省环境保护科学研究设计院等单位环保领域专家实地查看被污染现场，就和解协议实质内容、修复可行性、是否违反法律规定以及是否足以保护公共利益等进行论证。

经调查核实并专家论证，检察机关认为和解协议不能确保受损生态环境得到有效修复，将损害社会公共利益。一方面，受损环境是否具有实际修复的可行性应在调查论证的基础上确定，不能由和解协议随意约定。另一方面，案发6年多来，两涉案企业始终未出具任何修复方案，也未承担其他损害赔偿责任。和解协议未确定环境修复方案，由外地侵权企业自行修复，缺乏当地环保部门和被污染地村民等第三方有效参与和监管，修复时间和修复效果无法保证。

（二）提出异议

2020年11月，淄博市院会同淄博市生态环境局向山东省高级人民法院提出书面异议，指出和解协议内容达不到使受损生态环境得到有效修复的目的，可能损害社会公共利益，法院依法不

应据此出具调解书；并将专家论证意见、走访当地村民以及政府
工作人员调查笔录、生态环境损害结果地所在村村委会诉求书、
相关刑事判决书等证据提交山东省高级人民法院。

　　法院经审查认为，淄博市院和淄博市生态环境局在和解协议
公告期间提出异议，故对和解协议效力不予确认。2020 年 12 月
10 日依法作出民事判决，认为原审判决认定事实清楚、适用法
律正确，B 石化公司的上诉请求不能成立，不予支持，判决：驳
回上诉，维持一审判决。

　　（三）跟进监督

　　本案判决生效后，检察机关与法院召开联席会议，加大对生
效裁判执行监督力度。同时，山东省院指导淄博市院主动对接生
态环境和财政部门，对已执行到账的生态环境损害赔偿金使用跟
进监督，确保用于修复受损的生态环境。

三、 办案难点及解决路径

　　根据《民事诉讼法》第 58 条规定，检察机关履行诉前公告
程序后，没有适格主体或者适格主体不提起诉讼的，方可提起民
事公益诉讼。同时，根据《人民检察院公益诉讼办案规则》第
90 条规定，检察机关对适格主体提起的诉讼不支持起诉的，应
当作终结案件处理。因此，检察机关未提起民事公益诉讼且未支
持起诉的案件，社会组织提起诉讼过程中一旦存在损害公益的情
形，检察机关将面临发现难、监督难等困境。支持起诉是检察机
关办理公益诉讼案件的一项重要制度安排，但现行法律未明确支
持起诉的启动方式、适用条件、不予支持起诉后续监督等具体内
容。本案的成功办理为检察机关在社会组织提起民事公益诉讼后
如何履行监督职责提供了有益参考。

（一）探索检察机关对社会组织支持起诉的适用条件

支持起诉制度最早源自 1982 年施行的《民事诉讼法（试行）》第 13 条，1991 年施行的《民事诉讼法》第 15 条延续了上述规定，后历次修改均原文保留，但该条款作为一项民事诉讼原则适用范围应限于私益诉讼。[①] 2017 年修改后的《民事诉讼法》第 55 条专门规定了民事公益诉讼中检察机关支持起诉制度。2021 年施行的《人民检察院公益诉讼办案规则》对检察机关支持起诉范围、撤回支持起诉等予以具体规定。然而，上述条款未明确支持起诉启动方式和适用条件，导致检察机关实践中缺乏明确指引。如果对社会组织提起的公益诉讼一概支持起诉，既不利于社会组织良性发展，也不利于节约司法资源。一般来讲，支持起诉的程序应当依申请并经检察机关审查后启动。但是，检察机关作为法律监督机关和社会公共利益代表，具有督促社会组织依法行使公益诉权的职责，且公益诉讼具有较强的国家干预和职权主义特征，社会组织的处分权应受到严格限制。因此，与私益诉讼支持起诉制度救助弱者的福利性不同[②]，检察机关在发现社会组织未依法行使公益诉权导致社会公共利益严重受损等情形时，可以秉持能动检察理念，依职权启动支持起诉程序。

支持起诉条件一般应当包括：社会公共利益遭受严重侵害、社会影响较大、人民群众反映强烈、原告诉讼能力较弱等。检察机关与社会组织拟提起的民事公益诉讼，在被告和诉讼请求认定等方面存在严重分歧时，也可以决定不予支持起诉，并向社会组织说明理由。本案中，检察机关依法发出诉前公告后，A 发展基

---

① 秦天宝：《论环境民事公益诉讼中的支持起诉》，载《行政法学研究》2020 年第 6 期。
② 李德恩：《接近司法视阈下检察机关支持起诉的体制建构》，载《法治研究》2016 年第 1 期。

金会申请淄博市院支持起诉。淄博市院与社会组织沟通协商后，发现在被告认定、诉讼请求等方面存在分歧。淄博市院向山东省院请示是否支持起诉，山东省院组织专家召开法律论证会，经论证认为检察机关审查发现不符合支持起诉条件的，可决定不予支持起诉。

（二）检察机关应对不予支持起诉的案件跟进监督

检察机关在办理案件中发现，部分社会组织在提起民事公益诉讼过程中可能存在利益寻租等风险。如果检察机关对不予支持起诉的案件终结处理后缺乏必要的持续关注，可能导致部分违法处置社会公共利益的和解案件逃避监管。为确保公共利益得到有效维护，检察机关对不予支持起诉的公益诉讼案件，应依法持续跟进监督。本案公益诉讼案件线索系检察机关在办理刑事案件中发现，依法发出诉前公告后，A 发展基金会主张提起民事公益诉讼，检察机关将相关案件材料移交社会组织后持续关注。A 发展基金会向人民法院提起民事公益诉讼后，法院依法支持其诉讼请求。但被告上诉后，主动提出与 A 发展基金会和解并达成和解协议，山东省高级人民法院审查后对和解协议依法进行公告。检察机关主动对和解协议内容进行调查核实，并邀请生态环境保护、法学领域专家进行论证。

经多次论证，检察机关认为和解协议由人民法院出具调解书予以司法确认后，可能严重损害社会公共利益，决定在和解协议公告阶段以提出书面异议的方式履行法律监督职责，尽量避免法院司法确认后再提出抗诉可能产生的司法资源浪费。同时，与上级检察机关抗诉相比，淄博市院对本案证据情况掌握更充分，更便于精准化维护社会公共利益。如果提出异议的方式无法发挥作用，再由上级检察机关提出抗诉，符合法律监督、维护公益手段之间的梯度性、递进性。

（三）借助专家意见判断生态环境修复方式是否足以保护社会公共利益

判断生态环境修复方式是否足以保护社会公共利益是环境民事公益诉讼的基础工作，也是检察机关办理环境民事公益诉讼案件亟待破除的难点，其作为专门性问题，需要借助具有专门知识的人进行技术判断。《人民检察院公益诉讼办案规则》第34条专门将"专家意见"规定为公益诉讼证据种类之一。专家意见已经成为一类特殊的证据，为环境民事公益诉讼司法实践所认可。

本案中，A发展基金会与违法行为人达成和解协议后，检察机关初步调查认定和解协议约定被告自行修复生态环境的方式不足以保护社会公共利益。为充分论证和解协议是否足以保护社会公共利益，提升办案的说服力和公信力，检察机关参照最高人民法院《关于审理环境民事公益诉讼案件适用法律若干问题的解释》（以下简称《环境民事公益诉讼案件解释》）第15条的规定，邀请生态环境和法学相关领域专家对生态环境修复方式等进行论证，并由其出具专家意见。专家意见认为，和解协议在未对被污染地是否具有实际修复可行性论证的前提下，随意约定侵权人自行修复受损环境，并约定侵权人完成自行修复后不再承担生态损害赔偿金，缺乏第三方有效参与和监督，从程序上不足以保证社会公共利益切实得到保护。检察机关在向山东省高级人民法院提出书面异议时，将专家意见一并提交。最终，专家意见为本案成功办理提供了有力支撑。

（四）发挥一体化办案优势，形成监督合力

从实践情况看，一体化办案机制符合公益诉讼办案的特点和规律，有利于发挥检察机关上下级领导关系的体制优势，发挥公益诉讼检察在国家治理现代化进程中的独特制度优势。① 一方面，本案案件线索系由检察机关刑事检察部门移送至公益诉讼检察部门，体现了同级检察机关各业务部门之间的协作配合；另一方面，本案由山东省院、淄博市院两级检察机关联合办理，符合上下一体行使检察权的运行规律。由于本案具有人民群众反映强烈、损害后果严重、具有较大社会影响等情形，淄博市院按照相关规定向山东省院请示报告。山东省院审查后认为该案较为重大，决定联合淄博市院共同办理，两级检察机关发挥上下一体、协同办案优势，研究确立了"调查核实、提出异议、跟进监督"的指导意见。

在案件办理过程中，山东省院专门成立办案组，实地走访被污染地利益相关主体，主动听取群众意见，多次邀请专家进行法律论证，指导淄博市院联合淄博市生态环境局向山东省高级人民法院提出书面异议。经过全面调查、充分论证后，山东省院向山东省高级人民法院提出法律意见：根据和解协议出具调解书可能损害社会公共利益，检察机关将依据办案当时适用的《民事诉讼法》第208条（现为2021年修正后的第215条）的规定提出检察建议或者抗诉。最终，山东省高级人民法院采纳了检察机关的法律意见，对和解协议不予出具调解书，判决驳回上诉，维持一审判决。

四、 案件办理相关思考

检察机关在办理民事公益诉讼案件过程中，应注重与社会组

---

① 胡卫列、解文轶：《〈人民检察院公益诉讼办案规则〉的理解与适用》，载《人民检察》2021年第18期。

织形成"支持＋配合＋监督"的良性互动关系。一方面，检察机关应积极支持、协助社会组织承担更多的公益保护职责，发挥其在公益保护治理中的价值；另一方面，检察机关应督促、监督社会组织依法行使公益诉权。

（一）积极支持社会组织提起民事公益诉讼

民事公益诉讼中检察机关支持起诉，具有平衡多元诉权主体间内在关系，践行公益保护多元共治理念，协助提升社会组织权益救济能力的制度功能。检察机关作为法律监督机关和社会公共利益代表，其性质决定了支持社会组织起诉是其职责所在。检察机关通过提供法律咨询、向人民法院提交支持起诉意见书、协助调查取证、派员出席法庭等方式支持起诉，可以有效促进、协调以及引导具备资格的社会组织依法开展民事公益诉讼活动。

《环境民事公益诉讼案件解释》第 10 条第 2 款规定："有权提起诉讼的其他机关和社会组织在公告之日起三十日内申请参加诉讼，经审查符合法定条件的，人民法院应当将其列为共同原告；逾期申请的，不予准许。"但是，鉴于检察机关法律监督机关的定位，对社会组织未申请但检察机关主动启动支持起诉程序的民事公益诉讼案件，可以向人民法院申请参加诉讼。此时检察机关的身份应是支持起诉人，而非民事公益诉讼的共同原告。

（二）严格督促社会组织依法行使公益诉权

民事公益诉讼中的支持起诉，不应止步于字面意思，狭隘理解为对起诉的支持，还应包括对社会组织起诉的监督。检察机关作为国家法律监督机关，在支持起诉工作中既要保持客观中立，又要发挥法律监督作用，督促、监督社会组织依法、及时提起民事公益诉讼，有效维护社会公共利益，确保法律统一正确实施。

检察机关对社会组织起诉的监督，具体可以体现在以下三个方面：首先，社会组织提起诉讼后，无正当理由变更、撤回部分诉讼请求等，致使社会公共利益不能得到有效保护等不适合支持起诉情形出现的，检察机关可以根据《人民检察院公益诉讼办案规则》第102条，撤回支持起诉，并基于公益诉讼检察的法定职责，全面运用调查核实权，依法开展监督。其次，发现社会组织提起公益诉讼的已经发生法律效力的公益诉讼判决、裁定确有错误，损害社会公共利益的，检察机关应当根据《人民检察院公益诉讼办案规则》第64条，依法提出抗诉；对社会组织提起诉讼的调解书，损害社会公共利益的，检察机关应根据《人民检察院民事诉讼监督规则》第75条，依法向人民法院提出再审检察建议或者抗诉。最后，对社会组织表示拟提起诉讼，但是无正当理由久拖不诉，造成无法及时有效保护社会公共利益的，检察机关可以直接提起民事公益诉讼。

根据最高人民法院《关于审理环境公益诉讼案件的工作规范（试行）》第29条，调解书公告期间届满前，自然人、法人和社会组织认为调解协议或者和解协议不足以保护社会公共利益的，可以向人民法院提出书面异议。为防止社会组织擅自处分公共利益，检察机关应对社会组织与侵权人达成的和解协议，从合法性、可行性等方面进行审查。对和解协议可能损害社会公共利益的，检察机关可以在协议公告期间通过向法院提出书面异议的方式监督，防止协议被司法确认后造成不利后果。如果人民法院未采纳异议，根据和解协议出具调解书，损害社会公共利益的，检察机关应当通过抗诉、检察建议等方式依法履行诉讼监督职责。显然，检察机关提出异议这种融入式、过程中的监督，比起外在、事后的监督，发现问题更及时、监督纠错更直接，也更有利于实现保护公益的目的。如果等待法院确认协议之后，再进行诉讼监督，公益损害有可能不可逆或者扩大。

（三）持续构建公益保护多元共治格局

首先，完善与法院信息通报机制。人民法院可以参照《环境民事公益诉讼案件解释》第 12 条，对社会组织提起民事公益诉讼案件，在立案后 10 日内告知检察机关。检察机关可以向法院了解社会组织提起民事公益诉讼的裁判和执行情况，依法、及时开展后续监督。

其次，深化与行政机关协作配合。行政机关是公益保护第一责任主体，在配合调查取证、验收修复效果和后续监督等方面可以发挥专业优势。检察机关可以邀请行政机关以协助调查、出具专家意见等方式，共同支持、监督和配合社会组织提起民事公益诉讼。

最后，扩大社会公众参与程度。公共利益归根结底就是人民的利益，故社会公众不应被排除在公益诉讼程序之外。检察机关办理社会组织提起民事公益诉讼监督案件，应主动听取当地群众意见，走访被污染地相关利益主体，向群众了解违法企业修复生态环境等方面情况，从而保障公众参与权和监督权。在违法行为人履行生态环境修复义务时，检察机关邀请社会公众作为第三方参与监督，既能够增强公众环保意识，又可以最大限度确保社会公共利益得到全面维护，实现办案政治效果、社会效果和法律效果的统一。

第三部分
生态环境公益诉讼
优秀案例

浙江省永康市人民检察院诉义乌市 A 环保科技有限公司等 36 名被告污染 环境刑事附带民事公益诉讼案

关键词

刑事附带民事公益诉讼　　固废污染　　先行修复　　保全与执行融合履职

要旨

检察机关办理跨区域环境污染公益诉讼案件，应首要关注受损生态环境的治理和修复，形成检察公益诉讼与生态修复之间的无缝衔接。针对固废污染持续、危害可扩大特征，采取协调地方政府先行治理、探索生态损害修复金预缴、鼓励督促涉案当事人自主修复等多种途径，及时治污止损。针对侵权行为环节多、责任主体复杂等实际，精准区别共同侵权行为和执行职务行为，最大力度落实连带赔偿责任。

基本案情

2017 年至 2018 年，有 30 余家印染企业将生产过程中产生的印染污泥委托给义乌市 A 环保科技有限公司（以下简称 A 环保公司）、兰溪市某砖瓦厂（以下简称砖瓦厂）进行焚烧处理，并委托绍兴 B 运输有限公司（以下简称 B 运输公司）进行运输。

A 环保公司、砖瓦厂、B 运输公司为了降低处置成本，获取非法利益，由傅某华等 32 人经事先共谋、分工协作，到金华市辖区内寻找场地用于非法填埋印染污泥。案发时，已先后安排 20 名重型自卸车专职驾驶员将合计 26080 吨含有毒、有害物质的印染污泥等固体废物运到位于金华市下辖 7 个县（市、区）的 27 个填埋点，造成当地环境严重污染。经鉴定，涉案固废清理处置费用共计 23342877.58 元，生态环境损害费用共计 25626391.67 元。

检察机关履职过程

（一）诉前介入

本案涉案人员众多、涉案地域广、污染物数量大，生态环境损害严重，被公安部列为督办案件。

浙江省金华市永康市人民检察院（以下简称永康市院）第一时间指派公益诉讼业务骨干介入，对涉辖区以外 6 个县（市、区）的污染环境部分申请指定管辖，探索跨区域集中办案。引导侦查机关以客观性证据为突破口，采用 GPS 定位等技术侦查手段，结合卡口信息和现场指认，分析研判涉案人员分工构成、精准定位各非法填埋点和填埋情况，为后续公益诉讼查明事实、明晰诉讼请求奠定基础。同时，建议永康市公安局及时查扣、冻结主要侵权人的涉案财物和违法所得，确保赔偿款项的落实。诉前共查扣重型自卸车 17 辆、大铲车 2 辆、小型客车 7 辆，冻结资金 60 余万元，查封房产 4 幢。

考虑印染污泥对环境的持续性损害，浙江省三级检察机关一体联动，促成金华市政府组织环保等相关职能部门、涉案县（市、区）政府召开专题协调会，以"先治理、先修复"清污止损。各县市投入近 2276 万元，诉前完成大部分印染污泥的清理。

同时，针对不同侵权行为，分别从社会公共利益保护、生态环境损害侵权人的赔偿责任和本村环境污染治理等角度开展释法说理，以刑事诉讼的认罪认罚从宽机制激励被告人积极履行民事赔偿责任。并创设生态损害修复金预缴机制，先后促使 25 名被告人自愿主动预缴环境损害赔偿金和生态损害修复金 177 万元。通过开展羁押必要性审查，鼓励涉案人员自主清理修复。部分被告人取保候审后，主动对印染污泥进行清理处置，挽回经济损失 100 余万元。

（二）提起诉讼

为提高公益诉讼的时效，永康市院协商浙江省环境科学设计研究院（以下简称浙江省环科院）以预评估的形式初步评定环境污染损失。2019 年 3 月 5 日，永康市院根据浙江省环科院出具的预评估报告对该案以刑事附带民事公益诉讼立案。3 月 15 日，在《检察日报》上发出诉前公告，公告期届满后，没有法律规定的机关或有关组织提起诉讼。

2019 年 5 月 9 日，永康市院在刑事案件提起公诉时，同步提起刑事附带民事公益诉讼。诉请涉案单位法定代表人、具体事务负责人等 32 名被告及 B 运输公司等 4 家单位共同承担赔偿责任；而对事先并无通谋，仅依据指示参与运输的 20 名驾驶员，则作为执行职务的工作人员，不追究其民事赔偿责任，对其主动自愿赔偿生态环境修复费用的行为，作为量刑从轻情节在刑事责任追究时予以体现。

审判过程中，永康市院依据浙江省环科院出具的第二阶段评估报告，对部分固废清理处置费用、生态环境损害费用予以进一步明确和补充，依法变更诉讼请求：（1）请求判令 B 运输公司等 4 家单位及 32 名自然人在省级媒体上赔礼道歉；（2）请求判令被告 B 运输公司对固废清理处置费、生态环境损害费用、调查检测和环境损害鉴定评估费 5541 万余元承担赔偿责任，其他共同实施侵权行为的被告在其实际参与非法处置印染污泥范围内承担连带赔偿责任。

2020 年 11 月 24 日，永康市人民法院作出一审判决，支持永康市院全部公益诉讼请求。部分被告不服提出上诉，金华市人民法院二审裁定维持原判。

一审判决后，被告人上诉，为防止被告人财产被恶意转移，永康市院申请启动财产保全程序，多次派员赴绍兴、义乌、兰溪等地，会同金华市中级人民法院，金华、绍兴二地公安、环保部门，与 49 家企业逐笔核对到期债权。运用浙江省检察院涉案账户数字化查询系统，对涉案单位和被告人的 100 多个金融账户逐笔查询。申请查封第三人到期债权 58 笔、冻结银行账户 67 个、查封房产 24 套，诉中查封财产总计 2000 多万元，打破被告人侥幸心理。二审期间，2 名被告人主动交纳部分赔偿款，1 名被告人全额履行赔偿责任。

（三）跟进监督

法院判决后，检察机关持续跟进生态环境修复治理。金华两级检察机关、生态环境保护部门共同开展修复治理"回头看"专项行动，全程跟进对污染物清理结果的评估验收，并对清理出来的污染物依规处置情况开展监督，防止二次污染。确认污染物清理达到预期目标后，又联合职能部门积极推进基坑回填复绿工作。在此过程中，邀请全国人大代表等通过列席会议、现场见证等方式全程参与对财产保全和环境修复效果验收等的监督，通过代表履职增强监督刚性，确保环境修复实效。

永康市院以该案为契机，推动金华市建立生态环境公益诉讼资金管理办法，将被告人预缴的生态损害修复金等纳入公益诉讼专项资金，由永康市院会同相关职能部门实行规范化管理，用以解决部分应急处置资金和鉴定费用来源问题。推动公检法、生态环保局建立联动工作机制，为常态化开展环境行政执法与司法联动工作提供制度保障。

典型意义

检察机关要以环境修复、公益保护为宗旨，构建"诉前为主、诉讼为基"的公益诉讼办案格局，内外协同，融合履职，实现刑事附带民事公益诉讼多赢共赢的监督效果。

（一）充分动员相关职能部门共同参与环境的修复治理，最大限度降低环境损害

公益保护不能靠检察机关单打独斗，需要最大限度凝聚社会共识，形成各职能部门合力。尤其是环境污染案件，通过公益诉讼落实侵权人的清污修复责任通常需要较长周期，而在此期间污染物对环境的损害会持续扩大。检察机关要积极与政府部门协调，在基本证据固定后，先行开展污染物清理，建立"先清理，后处置"机制。也可以建立公益诉讼专项资金，解决预缴生态环境损害赔偿金的规范化管理和职能部门应急处置的资金来源问题。

（二）刑事附带民事公益诉讼中，检察机关要以诉讼为基，加强与刑检等部门合作，依托刑事诉讼强力推进社会公共利益的修复与保护

可以依托刑事检察的引导侦查职能，尽快采集和固定相关证据，提高公益诉讼的精准性。可以认罪认罚从宽制度激励被告人先行开展修复，积极履行民事赔偿责任，提高公益保护的及时性。对于跨区域污染环境案件，可以通过指定集中管辖，确保各地调查取证和环境修复的步调一致。对于重大复杂污染环境案件，环境损害鉴定短期内无法出具的，可以协商鉴定机构出具预评估报告，根据预估报告先予立案，确保刑事诉讼和公益诉讼的同步推进。

（三）充分运用民事公益诉讼职能，落实侵权主体的民事赔偿责任

涉及单位构成污染环境罪的案件中，《民法典》第1191条，用人单位替代责任中的"工作任务"不包含侵权行为。对于参与污染行为且事先共谋及具体决策安排的单位决策者或项目负责人，应认定其与单位构成共同侵权，与单位承担连带赔偿责任。检察机关要充分运用民事诉讼中的财产保全程序，依法积极查扣侵权人涉案财物；调查侵权人财产状况，精准申请查封、冻结侵权人财产，穷尽一切司法追偿手段，保障公益诉讼判决的执行。要积极履行民事执行监督职能，依法对法院移送执行以及执行活动开展监督，确保判决及时执行到位，打通公益保护"最后一公里"，破解"企业污染，群众受害，政府埋单"的困局。

湖南省永州市人民检察院督促并支持永州市生态环境局开展生态环境损害赔偿磋商民事公益诉讼案

关键词

民事公益诉讼　生态环境损害赔偿磋商衔接　督促磋商
支持磋商

要旨

检察机关做好检察公益诉讼与生态环境损害赔偿的衔接，督促并支持生态环境部门开展生态环境损害赔偿案件办理，协同推进"检察公益诉讼＋生态环境损害赔偿"工作，发挥生态环境保护合力。

基本案情

2019年9月，永州某纸业有限责任公司（以下简称永州公司）公开招标转让厂区设备资产，其中部分设备含有不符合环保标准的废液废渣。2020年4月，陈某涛等五人合伙借用深圳市某科技有限公司（以下简称深圳公司）资质参加竞拍，深圳公司授权陈某涛参与此次竞拍和项目移交等事务。5 月 12 日，深圳公司中标该项目。此后，陈某涛又通过中间人高某伟，向山东某建筑安装工程有限公司（以下简称山东公司）借用其资质拆除废旧设备。收到山东公司盖章的《施工协议》后，陈某涛代表深圳公司、实际施工人胡某术代表山东公司在协议上签字。

2020 年 8 月 2 日，胡某术未制定拆除方案、未采取任何防渗漏措施，便组织拆除重油罐并将油罐内的重油渣露天堆放。重油渣因高温融化渗入地面，永州公司安全员巡查发现后也未采取应对措施，导致渗漏的重油渣通过雨水管道流入湘江，造成周边土壤和湘江水面被污染。经检测认定重油渣属危险废物，司法鉴定机构评估认定本次事件生态环境损害赔偿费用共计 1796.6734 万元。

检察机关履职过程

污染事件发生后，湖南省永州市人民检察院（以下简称永州市院）积极配合永州市党委、政府参与调查工作。同时，湖南省人民检察院（以下简称湖南省院）将网络、信访举报的本案线索交永州市院办理，并将线索情况通报湖南省生态环境厅（以下简称省生环厅）。永州市院初步调查查明，本案环境污染系因永州公司、深圳公司、山东公司和陈某涛等人挂靠资质、违反操作规程等原因所致；生态环境等相关行政机关及时采取应急处置措施，积极参与案件的调查，不存在违法行使职权或者不作为的情形，不符合行政公益诉讼案件立案条件。为有效做好生态环境损害救济，永州市院于 2020 年 9 月 4 日以民事公益诉讼案件立案并于 9 月 15 日发布公告，同时函询永州市生态环境局

（以下简称永州生环局）是否启动生态环境损害赔偿，督促其启动磋商程序。永州生环局回函称已于 10 月 9 日启动生态环境损害赔偿程序并请求检察机关支持其磋商。在湖南省院、省生环厅的共同指导下，永州市院和永州生环局就共同做好检察公益诉讼与生态环境损害赔偿的衔接，协同推进"检察公益诉讼＋生态环境损害赔偿"达成共识，即涉及生态环境损害案件，检察机关立案在先的，应当函告相关行政机关督促其履行职责，赔偿权利人决定启动生态环境损害赔偿且请求检察机关支持磋商的，可以支持磋商，形成办案合力。

2020 年 10 月、12 月，湖南省院与省生环厅两次派员到现场指导办案，分析研判涉案有关法律问题。在办案过程中，永州市院与永州生环局充分发挥检察司法和行政执法优势，各司其职。永州生环局作为赔偿权利人，突出其在鉴定评估、检验检测、生态修复方面的技术专业优势；永州市院作为法律监督机关和支持机关，加强与公安机关的沟通协调，做好刑民衔接、协助调查、剖析法律适用问题。12 月 28 日，永州市院出具支持磋商法律意见书认为，根据《中华人民共和国固体废物污染环境防治法》（2016 年修正）第八十五条、《中华人民共和国侵权责任法》[①]第六十五条规定，永州公司等三家公司和陈某涛等七名自然人应当承担污染环境的侵权责任，根据生态环境部等 11 部委《关于推进生态环境损害赔偿制度改革若干具体问题的意见》的相关规定，可以进行生态环境损害赔偿的磋商。意见书仅为永州生环局办理全市首例生态环境损害赔偿案件提供法律专业支持，但并未就损害赔偿的具体内容发表意见。

---

① 此处是指 2010 年施行的《侵权责任法》，下同。——编者注

12 月 29 日，在刑事案件起诉前永州生环局与 10 名赔偿义务人召开磋商会，省、市检察院派员参会。在磋商会上，生态环境部门与赔偿义务人围绕案件事实和责任承担等方面进行充分磋商，检察机关就事实认定和法律适用发表了法律意见，为赔偿义务人接受赔偿条件发挥了关键作用。经过反复讨论、分析、商议，永州生环局与赔偿义务人双方就赔偿金额、修复方式、内部责任份额达成合意，由三家公司与 7 名自然人采取"支付损害赔偿金 + 自行修复"相结合的方式共同承担 1796.6734 万元生态环境损害赔偿费用，湖南省金额最大生态环境损害赔偿案件首轮磋商成功。

为确保磋商取得实质成效，永州市院对双方签订协议、申请司法确认和生态修复情况持续跟进法律监督。2021 年 1 月 15 日，永州生环局与 10 名赔偿义务人签订赔偿协议，赔偿费用全部支付到位，经申请，法院对赔偿协议于 3 月 30 日作出司法确认。目前，生态修复工作已完成并经专家评审达到修复效果。

典型意义

（一）检察机关可以采用督促并支持磋商的方式履行生态环境公益诉讼保护职责

发生生态环境损害后，检察机关既可以通过行政公益诉讼、民事公益诉讼（刑事附带民事公益诉讼）、支持起诉的方式保护生态环境，还可以采用督促并支持磋商的方式，推进当地政府及行政主管部门开展生态环境损害赔偿工作。2020 年 8 月，生态环境部会同最高检等 11 部委联合印发的《关于推进生态环境损害赔偿制度改革若干具体问题的意见》明确规定了检察机关对生态环境损害赔偿可以支持磋商，协同推进"检察公益诉讼＋生态环境损害赔偿"工作。对于检察机关立案后赔偿权利人启动并请求检察机关支持办理生态环境损害赔偿案件的，检察机关在磋商阶段开展工作，协助调查取证、提出法律意见为促使双方达成赔偿协议提供法律支持，但并不参与磋商的实体意见。并持续跟进监督，确保被破坏的生态环境得到及时有效治理修复。

（二）明确了检察公益诉讼和生态环境损害赔偿制度衔接的顺位和协同作用

生态环境损害赔偿制度与检察公益诉讼制度都是以生态环境利益保护为目的，但二者顺位不同，行政机关处于第一顺位，检察机关处于第二顺位，故生态环境损害赔偿制度具有优先适用性。对于虽然造成生态环境实际损害的案件，但经调查确认行政机关不存在违法行使职权或者不作为的情形、不符合行政公益诉讼案件立案条件的，检察机关应当选择民事公益诉讼立案，并按照《关于推进生态环境损害赔偿制度改革若干具体问题的意见》规定，做好检察公益诉讼和生态环境损害赔偿制度的衔接，督促赔偿权利人启动生态环境损害赔偿程序，并可以支持磋商的方式履行公益诉讼监督职责。同时加强监督，对于实体处理不当、生态环境损害赔偿不能涵盖或者赔偿权利人磋商不成又不起诉的，检察机关应及时提起民事公益诉讼。

（三）把"寓支持于监督"理念贯穿办案始终，做到"在监督中支持，在支持中监督"

检察机关是保护公共利益的一支重要力量，推进生态环境损害赔偿磋商过程中，既是支持者，也是监督者，应严格审查生态环境损害赔偿协议对环境利益保护的合法性、全面性、周延性，可以采取"支付损害赔偿金＋自行修复"相结合的形式督促履行生态环境损害赔偿，切实做好实体权利保护，监督赔偿权利人不漏掉每个担责主体、不放弃社会公共利益；并做好后续生态修复的跟进监督，履行好公益诉讼"兜底"保护的司法职能，确保磋商取得实质成效。

广东省佛山市顺德区人民检察院诉林某泉等9人非法采矿刑事附带民事公益诉讼案

关键词

刑事附带民事公益诉讼　生态环境和资源保护　涉黑组织
损害评估　连带责任

要旨

对于多人有组织地持续在一定流域范围内长期盗采河砂破坏
生态环境的行为，检察机关从整体上认定为侵权行为，结合现场
调查和专业鉴定评估，对损害作出客观准确的评估，推动刑事附
带民事公益诉讼顺利进行。

基本案情

2000 年至 2018 年，林某泉、林某明、龙某超、李某洪、何
某源、唐某行、董某勤、陈某明、邓某武等 9 人在广东省佛山市
三水区通过组织、领导黑社会性质组织实施违法犯罪行为，形成
对当地河砂开采行业的非法垄断，在北江干流三水河段、北江支
流芦苞涌非法开采河砂 1238 万余立方米，导致河床暴露、水位
下降，造成河道及两岸生态环境严重受损、底栖生物遭受致命性

损害，水流改变对北江大堤造成不平衡冲击，威胁珠三角地区的防洪安全。

检察机关履职过程

林某泉等人涉嫌组织、领导黑社会性质组织罪、行贿罪、寻衅滋事罪、聚众斗殴罪、串通投标罪、非法采矿罪等刑事案件，经依法指定由广东省佛山市顺德区人民检察院（以下简称顺德区院）审查起诉，顺德区院经依法审查后于 2020 年 10 月 28 日向佛山市顺德区人民法院（以下简称顺德区法院）提起公诉。2020 年 11 月 23 日至 28 日，顺德区法院依法公开开庭审理，2020 年 12 月 24 日，顺德区法院依法作出一审判决，判处林某泉有期徒刑 24 年 6 个月，剥夺政治权利 4 年，并处没收个人全部财产。其余分别被判处 3 年至 19 年有期徒刑，并处罚金或没收财产。一审判决后被告人上诉，2021 年 3 月 12 日，佛山市中级人民法院裁定驳回上诉，维持原判。

在刑事案件审查起诉阶段，佛山市院指定顺德区院就案中涉及公益诉讼线索进行审查。2020 年 8 月 5 日顺德区院以刑事附带民事公益诉讼立案，并发布诉前公告，指派专人组成办案组，并与刑检办案组形成工作对接机制。

2020 年 8 月 27 日顺德区院派员前往现场实地调查，之后多次前往佛山市三水区住房城乡建设和水利局、佛山市自然资源局三水分局等单位调查取证。9 月 23 日，委托生态环境部华南环境科学研究所对本案生态环境损害结果进行评估。经现场调查、多方论证及科学评估，比对各河段各据点开采前后历史卫星图片、结合现场调查、案涉已有证据，最终认定林某泉等人长期的非法采砂行为给案涉河段的生态环境造成的破坏至少包含三个方面：一是河道两岸生态环境受损；二是底栖生物受损；三是河道生态系统破坏，其中河道采砂层被大量挖空甚至挖失，生态功能丧失明确，难以自然恢复，需开展相应修复工作。评估单位依据"恢复原状、价值替代"的原则，采取价值等值分析方法，结合案涉证据认定的非法采砂量，评估核算三项损失合计 29.6 亿余元。

关于侵权主体，顺德区院认为，各被告都是林某泉组织、领导的黑社会性质组织成员，受该组织指挥、利用，主观上均对自己在有组织的行为中的地位和作用有清晰的认识；由于河砂具有一定的流动性，在同一流域上下游不同位置盗采河砂的行为相互影响，均对该流域的生态环境和自然资源造成破坏，损害结果具有不可分性，将全部盗采河砂的行为作为共同侵权行为整体认定更合理。

公告期满，没有法定机构和组织向检察机关反馈意见。2020 年 10 月 27 日，顺德区院依法向顺德区法院提起刑事附带民事公益诉讼，诉请判令被告林某泉等 9 人限期连带赔偿生态环境修复等各项费用共计 29.6 亿余元，连带支付本案环境损害评估费用 96 万元，并在佛山市市级以上新闻媒体向社会公开赔礼道歉。顺德区法院公开开庭审理后，于 2020 年 12 月 24 日作出一审判决，支持了顺德区院提出的全部诉讼请求。林某泉等人不服提起上诉，2021 年 3 月 15 日，佛山市中级人民法院二审裁定驳回上诉，维持原判。

判决生效后，涉黑组织被查扣的现金、股票证券、车辆、房产、企业、珠宝字画等巨额财产，已由法院移交佛山市财政局完成实物入库工作，完成清理后优先用于公益诉讼案件执行，相关款项划入佛山市公益诉讼专项资金账户。

典型意义

（一）充分发挥民事公益诉讼程序价值，追究涉黑组织民事责任，加大其违法成本

一是实现了民事公益诉讼填补受损公共利益和惩戒、警示违法行为双重作用。本案是检察机关开展扫黑除恶专项斗争中办理的刑事附带民事公益诉讼案件，对涉黑组织多人长期盗采河砂的行为，请求法院判令所有被告对全部损害后果承担连带责任，依法追究涉黑组织破坏生态环境的民事责任，加大违法成本，充分"打财断血"。二是民事公益诉讼案件与刑事案件证据互相转化、同步审查，一并举证质证。刑事侦查收集的证据为民事公益诉讼提供了坚实基础，民事公益诉讼证据也对刑事案件形成有力补充，特别是公益诉讼补充了大量生态环境和资源损失方面的证据，对更加准确认定非法采矿犯罪行为的危害后果起到支撑作用。三是刑事、民事法律适用问题一并审查，惩罚、救济法律措施通盘考虑，提高案件办理整体效果。法院对各被告确定主刑刑期、适用附加刑罚金和没收财产、承担民事公益诉讼赔偿责任等相关问题综合考量，对案涉财物一并处理，使各项法律责任承担更加精准合理。

（二）丰富完善生态环境公益诉讼中损害鉴定评估的实践样本

破坏资源的违法行为造成生态环境损害后果，并且这些无形生态环境损失价值往往远大于有形的资源损失，准确厘清损害后

果和损失是民事公益诉讼案件办理中的难点问题。检察机关委托有鉴定资质的专业机构，通过基础资料收集、走访相关部门、开展现场调查并结合现有数据和卫星影像确定损害的范围和程度，对土壤、砂石等作为丘陵、山体或河流生态系统最核心、最基础组成部分的生态环境价值和服务功能损失进行客观科学的鉴定评估，为胜诉奠定基础。

海南省人民检察院第二分院诉钟某某、南京某海运有限公司非法采砂民事公益诉讼案

关键词

民事公益诉讼　海洋生态环境保护　非法采砂　共同侵权
环境修复费用

要旨

虽然双方没有明确的合同约定，但是行为上形成默契和合意，运输船舶实际参考抽砂、运输、销售一体化作业，检察机关依法起诉该"船主"应承担非法共同采砂的连带侵权责任，确保了其违法行为受到法律制裁。

非法采砂造成的生态环境资源损害鉴定技术难度大、费用高，可以根据主管机关和专家意见，酌情确定损害赔偿数额和环境修复费用。

基本案情

2018 年 11 月 5 日，钟某某以做工程为名租用弘龙 869 号船。2018 年 11 月 7 日，南京某航运公司经营的飞雄 6 号船到达东方市墩头湾海域锚泊。2018 年 11 月 11 日晚 8 时许，在未取得开

采海砂许可的情况下，钟某某指使弘龙 869 号船开往东方市墩头湾海域盗采海砂，当晚 11 时许、12 日凌晨 2 时许、凌晨 6 时许等多次深夜过驳给飞雄 6 号船。被海洋执法机关查获时，钟某某非法采砂合计 3666m³。2019 年 2 月 18 日，东方市海洋执法局对钟某某作出《行政处罚决定书》，责令停止海砂开采，处以 4.9 万元罚款。后钟某某缴纳了罚款，查获的 3666m³ 海砂被倒回海里。

检察机关履职过程

（一）调查核实

海南省人民检察院第二分院（以下简称海南二分院）立案后进行了调查核实，并调取行政案件相关证据材料，查明了案件事实。在审查中发现，钟某某没有采砂许可证，飞雄 6 号船提前到达盗采海砂海域等待，多次夜间接受过驳盗采的海砂，钟某某的采砂行为、过驳行为和飞雄 6 号船的接收行为、运输行为，实际上是共同实施非法采砂、运输、销售的一体化组织运作行为。且飞雄 6 号船不能提供船舶租用合同和承租人，没有审查货物的合法来源，不能提供货物的承运人、运输合同、货物提单等合法运输行为的证据，应承担举证不能的法律后果。南京某海运有限公司作为飞雄 6 号船船主，应对非法采砂的损害后果承担连带赔偿责任。

鉴于鉴定难度大、费用高等难题，根据《最高人民法院关于审理环境民事公益诉讼案件适用法律若干问题的解释》第二十三条规定，海南二分院探索通过专家意见的方式来确定环境资源损害及修复费用，委托海南省海洋与渔业科学院、海南省地质调查院、海南省热带农业科学院、海南大学等单位的 7 位专家对案件涉及的海洋生态环境损害进行评估，并征询了海洋资源主管部门海南省自然资源和规划厅的意见。在专家个人意见的基础上，召开了论证会。海洋主管部门、执法部门及专家一致认为非法采砂造成了严重的生态环境损害，参照相关鉴定报告、环评报告等资料数据，采用等值分析法，确定每抽采 $1000\mathrm{m}^3$ 海砂所承担的生态损害和修复费用为 126325 元，根据采砂量计算出该案涉及的海洋资源损失及环境修复费用最低为 463107.45 元。

（二）诉讼过程

2019 年 11 月 15 日，海南二分院向海口海事法院提起民事公益诉讼，请求判令钟某某、南京某海运有限公司两被告连带赔偿生态资源损失和环境修复费用共计 463107.45 元，连带承担专家咨询费 1200 元。

2020 年 5 月 25 日，法庭举行庭前会议，邀请相关领域专家到庭，就生态损害及修复的专业性问题进行解释、接受询问。5 月 26 日，海口海事法院开庭审理，法庭围绕损害赔偿金额如何确定及南京某海运有限公司是否参与采砂、是否应当承担生态损害赔偿和修复责任等争议焦点进行了举证和辩论。法庭认为，南京某海运公司对海砂来源的合法性未尽到注意义务，飞雄 6 号船虽不直接实施抽采海砂的行为，但其接收及运输海砂行为是整个非法采砂行为中的重要一环，二者构成共同侵权，应当承担连带赔偿责任。以专家意见的方式确定损害赔偿数额的专家论证程序合法且计算的赔偿数额科学、合理，但综合意见中将文昌鱼的修复费用按照其价值 6 倍计算不当，调整为按照其保护级别系数即 5 倍计算修复费用。

2020 年 6 月 2 日，海口海事法院作出一审判决，判令钟某某和南京某海运有限公司连带赔偿非法采砂造成的海洋生态损害等各项费用共计411981.6元。南京某航运公司提起上诉，海南省高级人民法院于2020年11月16日作出二审判决，驳回上诉，维持原判。

典型意义

（一）通过共同侵权追责，"补位"行政执法，实现违法必究

我国行政处罚法未规定共同行政违法行为，行政执法中普遍存在未对共同行政违法行为调查，未对共同违法行为人予以行政处罚的问题，而现实生活中又大量存在合作、共同实施违法行为的情形。检察机关调查发现，相关事实和证据能够证明运输"船主"实际参与盗采海砂，但是，海洋行政执法机关未对其进行行政处罚，检察机关就共同侵权对"船主"追责，扼住了非法盗采海砂的"咽喉"，弥补了行政执法不足问题，也实现了违法必究。

（二）通过"主管部门意见+专家意见+综合论证+专家出庭说明"的方式，破解海洋生态环境资源损害鉴定难题

海洋生态环境资源损害鉴定技术难度大、费用高、周期长。本案中检察机关根据《最高人民法院关于审理环境民事公益诉讼案件适用法律若干问题的解释》第23条的精神，充分利用主管部门所持有的海洋资源数据，征询各相关领域专家意见，召开广泛领域代表参加的论证会，确定社会认可度高的赔偿标准。邀

请专家到法庭就专家意见的形成、赔偿数额的事实根据、计算方法等进行说明，使得法院审判人员能够理解赔偿数额的合理性，支持检察机关的诉讼请求。采用"主管部门意见＋专家意见＋综合论证＋专家出庭说明"的方式确定生态赔偿及修复费用，破解了海洋生态损害赔偿数额确定的难题。

河北省保定市人民检察院诉钟某、李某某、山东滨州 A 物流有限公司、B 财产保险有限公司滨州中心支公司环境民事公益诉讼案

关键词

民事公益诉讼　环境污染　最高法院再审　保险赔偿责任

要旨

在办理环境民事公益诉讼案件过程中，检察机关扎实开展调查核实工作，同时积极借助"外脑"，充分征询专家、学者意见建议，做好争议焦点的研讨论证和应诉准备工作，案件历经一审、二审、再审审查程序，三级法院均支持了检察机关的全部诉讼请求。

基本案情

2017 年 12 月 30 日，杨某某（负事故主要责任）驾驶大型油罐车沿 112 线自东向西行驶至易县急弯路段时，因车速快，发生单方事故，油罐车侧翻，车载的危险货物（柴油约 32.62 吨）泄漏，大部分柴油经路边雨水涵洞和路肩流入拒马河，造成公路

路面、周围土壤、河水被污染。

经委托鉴定，山西省环境污染损害司法鉴定中心出具司法鉴定意见书，翻车事故造成生态环境损害，产生的应急处置费约124215元，生态环境治理修复费约1364828.19元，鉴定费120000元，共计1609043.19元。

检察机关履职过程

（一）诉前程序

河北省易县人民检察院接到易县环境保护局有关事故的通报后第一时间赶赴现场并将案件线索上报保定市人民检察院（以下简称保定市院）。2018年3月12日，保定市院以民事公益诉讼立案并开展调查。

调查查明，油罐车实际车主为钟某、李某某，与山东滨州A物流有限公司（以下简称A物流公司）是挂靠经营关系，该公司具有柴油危险货物运输资质。油罐车在B财产保险有限公司滨州中心支公司（以下简称B保险公司）投保有机动车交通事故责任强制保险一份、特种车综合商业保险两份及道路危险货物承运人第三者责任保险两份，事故发生在保险责任期间。事故发生后，钟某、李某某及相关责任人未依法履行生态环境修复治理义务。

2018年3月20日，保定市院在《检察日报》刊登公告，期满没有法律规定的机关和组织提起诉讼。

（二）一审程序

2018年8月1日，保定市院向保定市中级人民法院提起民事公益诉讼。诉请：判令被告钟某、李某某、A 物流公司赔偿油罐车翻车柴油泄漏致拒马河水体及周边环境污染产生的应急处置费用 124215 元，生态环境治理修复费用 1364828.19 元，支付鉴定费 120000 元；判令被告 B 保险公司在油罐车保险责任限额内对上述费用承担赔偿责任。

2019 年 1 月 15 日，保定市中级人民法院作出（2018）冀 06 民初 310 号一审判决，支持了检察机关的全部诉讼请求。法院认为：钟某、李某某、A 物流公司依法承担相应的民事侵权责任。B 保险公司在机动车交通事故责任强制保险、道路危险货物承运人第三者责任保险责任限额内承担赔偿责任。本案中污染环境产生的应急处置费、生态环境治理修复费、鉴定费，共计 1609043.19 元，应当由保险公司在交强险项下赔偿 2000 元、第三者责任保险除污费用项下赔偿 1200000 元，不足部分407043.19 元应当在第三者责任保险内的第三者财产损失项下赔偿。由于保险公司足额赔偿，故侵权人不再承担赔偿责任。

（三）二审程序

B 保险公司不服一审判决，提起上诉。2019 年 12 月 28 日，河北省高级人民法院作出（2019）冀民终 565 号终审判决：驳回上诉，维持原判。

（四）再审程序

B 保险公司不服二审判决，向最高人民法院申请再审。最高人民法院受理后于 2020 年 6 月 3 日向保定市院送达《应诉通知书》。保定市院邀请法学专家、知名律师等进行了两次咨询论证，于 2020 年 6 月 17 日向最高人民法院提交了《再审申请案件答辩意见》：（1）B 保险公司主张 A 物流公司未履行危险程度增加通知义务，其依法不承担保险责任的理由没有事实和法律依据，不能成立。（2）B保险公司申请再审虽就鉴定意见提出异议，但未提供充分证据予以推翻。鉴定机构具备鉴定资质，鉴定人员具备鉴定资格并在一审中出庭接受质询，鉴定程序合法，结论科学合理，鉴定意见应予采纳。（3）B保险公司按照交强险、除污费用、第三者财产损失的顺序对生态环境损害承担保险赔偿责任，并无不当。保险合同中的财产损失是指因机动车发生交通事故侵害被侵权人的财产权益所造成的损失，环境污染的应急处置费用、生态环境治理修复费用、鉴定费用等系维护国家和社会公众财产损害扩大和保护第三者权益所必需支出的费用，保险公司应依法承担保险责任。

最高人民法院认为，根据《最高人民法院关于审理环境民事公益诉讼案件适用法律若干问题的解释》第19条、第20条、第22条规定，生态环境损害包括防止损害发生和扩大所支出的合理费用、生态环境修复费用、检验鉴定费用、合理的律师费以及为诉讼支出的其他合理费用，即案涉鉴定结论所列应急处置费、生态环境治理修复费、鉴定费均系案涉生态环境污染造成的费用，属生态环境损害，应予赔偿。B保险公司按照交强险、除污费用、第三者财产损失的顺序对生态环境损害承担保险赔偿责任，并无不当。2020年12月26日，最高人民法院作出（2020）最高法民申2188号民事裁定书：驳回B保险公司的再审申请，支持了检察机关答辩意见。

典型意义

该案系全国首例由最高人民法院再审的检察机关提起民事公

益诉讼案，也是首例经过最高人民法院审查全部支持检察机关诉讼请求的民事公益诉讼案件。该案的成功办理，为检察机关办理此类案件起到了引领、示范和指引作用。

（一）保险公司应对投保车辆造成的生态环境损害事故承担保险赔偿责任

根据《最高人民法院关于审理环境民事公益诉讼案件适用法律若干问题的解释》规定，生态环境损害包括防止损害发生和扩大所支出的合理费用、生态环境修复费用、检验鉴定费用、合理的律师费以及为诉讼支出的其他合理费用，对于投保车辆发生交通事故所造成的生态环境损害费用，保险公司应予赔偿。保险公司按照交强险、除污费用、第三者财产损失的顺序对生态环境损害承担保险赔偿责任，未违反保险法的相关规定和保险合同双方关于保险责任承担的约定。

（二）充分借助"外脑"，发挥专家学者的助力作用

依托检察公益诉讼研究基地，对在诉讼中的争议问题邀请专家学者开展咨询论证，检察机关充分吸收专家学者意见，积极应诉答辩，为提升案件质量、形成司法共识和确保案件依法顺利审理以及诉求得到全部支持奠定了基础。

江苏省徐州市人民检察院诉苏州某工艺品有限公司等污染环境民事公益诉讼案

关键词

民事公益诉讼　生态环境保护　特殊侵权　民事诉讼证明标准

要旨

在民事公益诉讼中，检察机关审查认为刑事案件未予认定的事实和证据达到民事诉讼证明标准的，应予以确认。虽无生态环境实际损害后果的直接证据，但能证明行为人已脱离行政监管非法处置污染物，则可认定相关侵权行为已造成生态环境损害。实际损害数额的确定，应根据污染物性质和可能受损的环境介质，按照科学方法计算认定。

基本案情

2015年6月，苏州某工艺品有限公司（以下简称某公司）负责人江某鸣将该公司生产活动中产生的83桶硫酸废液，分次交由无危险废物处置资质的黄某峰处置，支付处置费用18万余元。黄某峰又转委托何某义、王某义跨市处置硫酸废液。王某义随机联系外地牌号货车车主或司机，分批次将上述83桶硫酸废液外运处置。其中，魏某东承运 15 桶硫酸废液至徐州市沛县经济开发区一处农田（现为工业用地），倾倒 3 桶、丢弃 12 桶。案发后，上述行为人均被抓获，其余货车运送的 68 桶硫酸废液无法查明去向。

检察机关履职过程

（一）线索发现

2017 年 8 月 2 日，江苏省沛县人民检察院就某公司、江某鸣、黄某峰、何某义、王某义、魏某东等实施的非法处置危险废物行为提起刑事公诉。庭审中，检察机关提交了江苏徐海环境监测有限公司监测报告、江苏康达检测技术股份有限公司司法鉴定意见书，证实涉案硫酸废液是具有腐蚀性特征的危险废物。经审理，法院采纳检察机关指控意见。2018 年 9 月 28 日，法院终审判决认定某公司、黄某峰、何某义、王某义、魏某东等构成污染环境罪，并判处一年有期徒刑缓刑六个月至两年有期徒刑不等、罚金 10 万元至 30 万元不等。江苏省沛县人民检察院在审查案件中发现某公司、黄某峰等实施的非法处置危险废物行为，造成生态环境污染，损害了社会公共利益，遂向徐州市人民检察院（以下简称徐州市院）移交案件线索。徐州市院于 2018 年 4 月 20 日决定作为公益诉讼案件立案审查。

（二）调查核实

徐州市院就某公司等违法倾倒硫酸废液、损害社会公共利益相关情况进一步调查核实：（1）侵权单位和侵权人身份信息认定。调取了某公司营业执照、组织机构代码证和黄某峰等人的户籍信息，证实各侵权人符合公益诉讼被告条件。（2）侵权单位和侵权人实施了生态环境污染侵权行为。调取刑事卷宗中江某鸣、黄某峰等 5 人的证言、许某晨等 8 人的证言，证实某公司等实施了非法处置硫酸废液的行为。（3）生态环境遭受损害及因果关系认定。辨认涉案硫酸废液丢弃现场，对涉案环境污染现场进行勘验，制作勘验笔录，采集环境污染照片、录像，证实因某公司等非法处置硫酸废液造成生态环境损害。（4）生态环境损害结果认定。对 12 桶硫酸废液称重，计算出每桶平均重量，推算出无法查明下落的 68 桶硫酸废液总体重量。查明苏州 A 公司受某公司委托处置涉案 12 桶硫酸废液的总成本为 116740.08 元，平均每吨处理费用为 6822.92 元。委托三名公益诉讼专家辅助人对涉案生态环境损害进行评估，确定违法排放 3 桶和无法查明具体下落的 68 桶硫酸废液所造成的生态环境损害虚拟治理成本分别为 219015 元、4961627 元。

（三）提起民事公益诉讼

经调查核实，检察机关认为某公司、黄某峰等非法处置危险废物，严重破坏生态环境，损害了社会公共利益，依法应当承担侵权责任。2018 年 4 月 27 日，徐州市院进行诉前公告，期满后未有适格主体提起公益诉讼。

5 月 30 日，徐州市院向徐州市中级人民法院提起民事公益诉讼，诉请：（1）某公司、黄某峰、何某义、王某义、魏某东连带赔偿生态环境修复费用 204415 元；（2）某公司、黄某峰、何某义、王某义连带赔偿生态环境修复费用 4630852 元；（3）五被告支付为该案支付的专家辅助人咨询费 3000 元、公告费 800 元；（4）五被告共同在省级媒体上公开赔礼道歉。

庭审中，公益诉讼起诉人围绕诉讼请求，出示了检察机关调取的某公司等非法处置硫酸废液、涉案硫酸废液为危险废物、涉案 12 桶硫酸废液的处理费用、生态环境修复费用专家咨询意见及相关费用等证据。五被告提出答辩意见：（1）同意检察机关主张的后两项诉讼请求。（2）某公司已经向当地政府缴纳了 20万元环境修复费用，不应再支付赔偿费用。（3）无法查明其他 68 桶硫酸废液的具体重量及是否对环境造成了损害，不能参照 Ⅱ类（一般农用地）土壤计算其生态环境修复费用。

某公司还申请两名技术专家出庭。针对五被告的辩论意见，公益诉讼起诉人做以下答辩：（1）某公司虽然向当地政府赔偿了 20 万元，但没有证据证明该费用实际用于生态环境修复，五被告仍应在本案中承担赔偿责任。（2）申请三名专家辅助人出庭，陈述专家意见：应以某公司合法处置 12 桶硫酸废液的单位费用为准确定本案硫酸废液的单位治理成本，包含将危险废物从产生单位转移至处置场所的运输费用。（3）3 桶硫酸废液倾倒于农用地上，对照《虚拟治理成本法说明》，其环境功能区类别为Ⅱ类，受损环境敏感系数应为 7，应认定为一般农业用地。（4）某公司、黄某峰、何某义、王某义不能说明 68桶硫酸废液的流向和处置情况，应当推定 68 桶硫酸废液污染了环境。

（四）审判结果

徐州市中级人民法院于 2018 年 9 月 28 日作出判决，全部支持公益诉讼起诉人的诉讼请求。五被告均未提出上诉，判决已经生效。

典型意义

（一）刑事案件未予认定的事实和证据，如经审查达到民事诉讼证明标准的，在民事诉讼中应予以确认

污染环境犯罪行为造成生态环境损害的，检察机关应充分发挥刑事检察和公益诉讼检察职能，追究行为人的刑事责任和民事侵权责任，充分保护社会公共利益。在证据采信上，民事案件采用高度盖然性标准，刑事案件采用事实清楚、证据确实充分的严格标准。在案件审查中，检察机关应根据刑法谦抑和有利于被告人的原则审查刑事犯罪事实，就低认定危险废物非法处置数量；在对民事侵权事实的审查中，检察机关有证据证明侵权人非法处置的危险废物数量超过刑事最低认定，并且证据相互印证，而被告对检察机关认定的事实不能提出充分合理异议的，检察机关对该数量应予以认定。

（二）行为人不能证明其脱离监管非法处置的污染物未对生态环境造成实际损害的，应承担不利后果，检察机关可认定侵权行为已产生公共利益损害后果

在损害赔偿的私益诉讼中，权利人应承担侵权行为造成损害后果的举证责任，但环境污染侵权属于特殊侵权类型，生态环境损害后果的证明标准不适用普通侵权纠纷私益损害后果的证明标准，实行举证责任倒置，由侵权人承担其行为未对环境造成污染的举证责任。在民事公益诉讼中，检察机关并非侵权行为的受害人和主张损害赔偿的实际权利人，特别是公益侵权行为对象具有不特定性，难以就实际损害后果提供充分直接证据。行为人故意逃避监管跨地区非法处置污染物，造成污染后果无法查明的，检

察机关如有证据证明污染物脱离合法管控流程，且侵权人不能提供证据证明其处置污染物的行为未对环境造成污染，即可以认定行为人非法处置污染物的行为已经造成环境损害的侵害结果，不需要就实际损害后果承担证明责任。

（三）已被非法处置却无法查明去向的污染物的生态环境损害赔偿数额，应根据污染物性质和可能受损的环境介质，按照科学方法计算确定

环境民事公益诉讼中，检察机关应以公共利益得到充分保护为前提，兼顾公平原则，根据行为人过错程度和污染物处置情况，合理推定环境可能受到的污染，按照环境保护主管部门确定的环境功能区敏感系数，通过科学计算确定生态环境修复费用。对无法查明污染物实际处置地，不能通过实地调查确定实际损害后果的，应根据污染物性质和现实中可能发生的地点，运用民事诉讼证据规则予以推定。

湖北省宜昌市葛洲坝人民检察院督促治理长江码头船舶污染行政公益诉讼案

关键词

行政公益诉讼诉前程序　船舶码头污染　行政磋商　协同治理预防性公益诉讼

要旨

检察机关聚焦船舶污染治理难题，充分发挥公益诉讼检察职能，采取"以事立案＋行政磋商"的办案模式，督促交通、海事、生态环境等多家行政机关协同履职，在有效推进船舶污染物接收专用码头建设的同时，推动建成船舶污染物协同治理信息系统，构建长江船舶污染防治长效联动机制，实现溯源治理。

基本案情

长江宜昌段码头未建设船舶生活污水、垃圾、油污水处理设施，大量船舶锚泊待闸，仅利用临时作业设施交岸处理船舶污染物，环境污染风险大，且废水上岸后靠槽罐车运至污水处理厂，处理成本极高。

检察机关履职过程

2019 年 9 月，最高人民检察院将全国人大常委会执法检查通报的"湖北省长江宜昌段码头水污染"线索层交至湖北省宜昌市葛洲坝人民检察院（以下简称葛洲坝院）办理后，湖北省三级检察机关充分发挥一体化优势，迅速成立办案专班，通过对长江宜昌段通航数据、船舶污染物处置、转运环节、码头建设等进行调查发现，长江宜昌段仅有两个专门的船舶污染物接收转运码头，且未实际投入运行，船舶污染处置存在水陆衔接不畅、岸上配套设施滞后等问题，环境污染风险较大。

葛洲坝院于 2020 年 1 月 15 日对长江宜昌段船舶污染问题以事立案，组建由葛洲坝院检察长为主办检察官的专案组。立案后，专案组先后调查走访了长江海事局、三峡通航管理局、三峡海事局、宜昌海事局、中国船级社宜昌分社等 10 余个中直单位及市、县两级交通运输、生态环境、城管委、住建局、经信局、发改委等数十家职能单位，分别就长江码头建设标准、航行船舶排污监管手段等专业问题进行详细咨询。专案组还先后前往宜昌市秭归福广、猇亭红联、宜都石柱、枝江宏盛等船舶污染物转运专用码头进行走访，详细了解码头建设和运行情况，并通过登船检查、委托第三方现场鉴定等方式调查收集有关证据材料。

办案组审查认为，船舶污染治理既是一个系统性问题，同时涉及中央和地方，水上和岸上多个行政机关；又是一个流域性问题，问题虽然集中反映在宜昌三峡和葛洲坝两大枢纽，但长江上中下游船舶污染管理不当都是污染风险的重要导因；还是一个技术性难题，相关法律法规虽明确应当建设转运码头，但没有相应的建设标准。如果按照常规方式和程序办案，简单发出诉前检察建议甚至提起行政公益诉讼，均难以从根本上解决公益保护问题。同时，宜昌市委、市政府已经就此问题组织相关行政机关整改。因此，检察机关主要采取行政磋商的监督方式督促有关行政机关协同履职。

在检察机关积极推动下，宜昌市政府多次组织海事、交通、生态环境、住建、城管等部门参加全市船舶污染防治工作磋商会议，厘清行政机关执法边界，加快基础设施建设，探索建立长江船舶污染防治长效联动协作机制。一是首创"六个一"（一艘趸船、一艘接收转运船、一套污水管网、一套污染物预处理设施、一套标志标牌、一套管理制度）的建设标准，投入2550万元，建成5个船舶污染物接收转运码头，基本实现从槽罐车污水转运到直接与市政污水管网对接的转变。二是针对检察机关提出船舶污染物转运中的监管"死角"，宜昌研发了全国首个船舶污染物协同治理信息应用系统"净小宜"，2020年11月"净小宜"正式与长江干线监管与服务信息系统"船E行"对接融合，实现了船舶污染物来源可溯、去向可寻，形成闭环监管。三是长江海事部门组织开展捍卫美丽长江攻坚行动，对非法排污行为全面强化执法力度，截至2020年10月共铅封船舶2549艘，长期过闸船舶已全部铅封，船舶生活污水只能通过污水处理装置处理后排放，航行中偷排污染物的问题得到有效治理。四是宜昌市人民政府出台《宜昌市待闸船舶生活垃圾和生活污水免费接收、转运、处置实施方案（试行）》，打通船舶污染物交付上岸收费高的痛点、堵点，从源头上治理偷排。

通过多方协作和综合治理，宜昌长江段船舶污染风险大大降低。湖北省检察机关结合本案中发现的具有普遍性的长江船舶污染防治深层次问题，起草了《长江流域船舶污染防治中存在的问题及建议》，报送最高人民检察院和湖北省委、省政府，为高位推动类案解决提供决策参考。目前长江宜昌段船舶污染问题得到有效整治，水质稳步提升。

典型意义

（一）厘清了"以事立案"规则

即当国家利益或者社会公共利益遭受或者面临重大风险，经初步调查仍难以确定不依法履行监督管理职责的行政机关或者违法行为人的，检察机关可以依职权立案调查。

（二）明晰了磋商适用情形

即当现行法律规定不够明确、具体，且负有监管职责的行政机关主体较多，整改意愿强烈，同时检察机关调查核实成本过高，预期效率较低时，检察机关可以充分运用诉前磋商机制，推动涉案行政机关多方协作，建立长效联动机制。

（三）为预防性公益诉讼案件办理提供实践指引

检察机关通过抓前端、治未病，充分履行公益诉讼检察职能，督促涉案行政机关严格落实法律规定，将国家利益或者社会公共利益的受损风险降到最低，确保检察机关公益诉讼案件办理"三维护一促进"任务的实现。

（四）提供流域类公益受损案件办理可供借鉴的有益蓝本

我国大江大河众多，流域广泛，生态保护和环境治理压力较大，检察机关办案模式的创新与应用，可以助推行政机关对流域污染防治从"单一主导"转为"协同共治"，从而促进流域治理体系和治理能力现代化。

九江市人民检察院支持九江市人民政府诉江西某环保科技有限公司等9名被告生态环境损害赔偿责任纠纷案

关键词

支持起诉　生态环境损害赔偿磋商　程序衔接

要旨

对于非法异地倾倒固体废物造成生态环境严重污染的案件，检察机关在依法追究污染企业及行为人刑事责任的同时，可以告知生态环境损害赔偿权利人并支持其开展磋商和提起诉讼，依法要求实施非法处置的行为人和污染物来源企业共同承担生态环境修复民事责任。

基本案情

2017年至2018年，江西某环保科技有限公司（以下简称某环保公司）与杭州某热电有限公司（以下简称某热电公司）签订《污泥（一般固废）资源综合利用合同》，运输、处置多家公司生产过程中产生的污泥，收取相应的污泥处理费用。某环保公司实际负责人李某将从多处收购来的污泥直接倾倒、与丰城市某新材料有限公司（已注销，实际负责人夏某萍）、沈某军合作倾倒，或者交由不具有处置资质的舒某峰、张某良、黄某、陈某水、马某兴等人倾倒至九江市区多处地块。杭州某建材有限公司（以下简称某建材公司）明知张某良从事非法转运污泥，仍放任其以公司名义处置污泥。上述非法倾倒污泥共 1.48 万吨，污泥中的铜、锌等多种重金属超标。2019 年 1 月 8 日，九江市浔阳区人民检察院以舒某峰、张某良等 6 人犯污染环境罪提起公诉。2019 年 10 月 25 日，九江市中级人民法院二审判处舒某峰、黄某、陈某水、张某良、马某兴、沈某军等 6 人犯污染环境罪，有期徒刑二年二个月至有期徒刑十个月不等，并处罚金 10 万元至 5 万元不等。

检察机关履职过程

（一）受理情况

九江市人民检察院（以下简称九江市院）在履行审查起诉职责中发现李某等人跨省非法转运、倾倒污泥严重损害生态环境的线索。2019 年 1 月 28 日，该院以公益诉讼立案。根据《生态环境损害赔偿制度改革方案》规定，国务院授权省级、地市级政府（包括直辖市所辖的区县级政府）作为本行政辖区内生态环境损害赔偿权利人，省级、地市级政府可以指定相关部门或机构负责生态环境损害赔偿具体工作。2019 年 1 月 29 日，九江市院向九江市生态环境局发出《关于舒某峰等人非法倾倒污泥污染环境案的函》，函询该局是否经九江市人民政府授权开展生态环境损害赔偿工作、是否拟就该案开展生态环境损害赔偿工作。2019 年 2 月 12 日，九江市生态环境局复函，称该局属于市政府指定的有权提起生态环境赔偿的部门，决定开展生态环境损害赔偿相关工作，请求检察机关予以支持。

（二）调查核实

由于刑事案件在同步审理过程中，九江市院为推进案件的办理，先后协助市生态环境局调取各类证据材料 32 份，帮助其查清案件基本事实，找准案件争议点。为查明案涉非法倾倒污泥对环境造成的损害程度、修复费用以及本案是否属于生态环境损害赔偿诉讼范围等问题，九江市院建议并引导九江市生态环境局委托江西省环境保护科学研究院生态环境损害司法鉴定中心进行鉴定评估。该鉴定中心出具环境损害评估报告，认定非法倾倒污泥造成土壤、水环境、空气的损害，同时明确本案被污染土地修复工程总费用为 1446.288 万元。

为协助生态环境部门开展好赔偿磋商工作，九江市院对磋商方案、磋商程序、磋商协议等提供法律参考意见，并两次派员参加赔偿磋商会议。2019 年 9 月 5 日，九江市生态环境局与某热电公司达成《生态环境损害赔偿协议》，约定东林大佛附近东林镇吴家咀地块（1 号地块）、东林镇虎口冲村地块（2 号地块）全部鉴定损失以及沙阎路伍丰村郑家湾地块（4 号地块）部分费用共计 487.2387 万元，某热电公司自愿承担赔偿责任。双方将磋商协议向九江市中级人民法院申请了司法确认。9 月 27 日，该协议赔偿金实际支付到位。案涉 4 号地块部分的修复费用 201.8515 万元、永修县九颂山河珑园周边地块（5 号地块）修复费用 448.91808 万元，以及九江市经济技术开发区沙阎路附近山坳地块（3 号地块）修复费用 280.3396 万元，九江市生态环境局未与某环保公司、某建材公司和张某良、李某、舒某峰、夏某萍等人达成赔偿协议。

（三）起诉和支持起诉意见

考虑到本案影响重大且涉案金额较高，2019年9月18日，九江市人民政府直接向九江市中级人民法院提起诉讼，要求：（1）判令10名被告共同对非法倾倒污泥的两个地块承担生态环境修复义务，如不履行修复义务，则共同支付生态环境修复费用718.6098万元；（2）判令某环保公司、李某等被告对非法倾倒污泥的一个地块承担生态环境修复义务，如不履行修复义务，则共同支付生态环境修复费用280.33955万元；（3）判令各被告共同承担律师代理费用4万元；（4）判令各被告公开赔礼道歉；（5）判令各被告共同承担本案诉讼费用。同日，九江市人民政府向九江市院提交《支持起诉申请书》。因沈某军参与倾倒污泥地块的生态损害赔偿责任已由某热电公司全部承担，九江市人民政府在开庭前撤回对沈某军的起诉。

2019年10月14日，九江市院向法院提交了支持起诉意见书。

（四）裁判结果

2019年11月4日，九江市中级人民法院审理后作出（2019）赣04民初201号民事判决书，认为某环保公司及其实际负责人李某直接倾倒污泥或者将污泥交付张某良、舒某峰等人转运或者倾倒，造成环境严重污染，应承担相应生态环境损害赔偿责任。张某良持有某建材公司交付的加盖公司公章的空白合同处理案涉污泥，某建材公司未履行监管义务，放任张某良非法倾倒污泥，应当承担连带责任。夏某萍作为丰城市某新材料有限公司实际负责人，因该公司与某环保公司从事污泥倾倒，且个人取得利益分成，应当承担连带责任。涉污染地块中污泥已混同，同一地块的污泥无法分开进行修复，依据共同环境侵权的责任原则，应由相关被告承担同一地块的共同修复责任。法院依法判决：（1）某环保公司、李某、黄某、舒某峰、陈某水于判决生效后三个月内对案涉 3 号地块污泥共同承担生态修复义务，如未履行修复义务，则于期限届满之日起十日内共同赔偿生态修复费280.3396 万元。（2）某环保公司、某建材公司、张某良、李某、黄某、舒某峰、夏某萍、陈某水于判决生效后三个月内对案涉 4 号地块污泥共同承担生态修复义务，如未履行修复义务，则于期限届满之日起十日内共同赔偿生态修复费用 201.8515 万元。（3）某环保公司、张某良、李某、夏某萍、马某兴于判决生效后三个月内对案涉 5 号地块污泥共同承担生态修复义务，如未履行，则于期限届满之日起十日内共同赔偿生态修复费用448.9181 万元。（4）各被告应于判决生效后十日内共同支付环评报告编制费 20 万元，风险评估方案 10 万元及律师代理费 4 万元。（5）各被告应于判决生效后十日内，在省级或以上媒体向社会公开赔礼道歉。

一审宣判后，双方均未上诉。判决生效后，九江市院积极跟踪监督磋商协议及判决的执行情况。该案执行到位生态修复费用 624 万余元，并根据生态环境部门委托的专门机构制定的生态修复方案进行恢复，2022 年 4 月完成污染地块的修复工作，并于 2022 年 7 月通过了江西省生态环境科学研究与规划院评估。

典型意义

（一）检察机关可以支持赔偿权利人依法提起生态环境损害赔偿诉讼

检察公益诉讼和生态环境损害赔偿诉讼都是我国生态文明制度体系的重要组成部分，目的都是保护生态环境、维护公共利益，需要加强衔接配合。根据《民事诉讼法》第55条第2款规定①，对污染环境损害社会公共利益的行为，法律规定的机关提起诉讼的，检察机关可以支持起诉。检察机关在依法追究破坏生态环境行为人的刑事责任的同时，充分发挥好检察公益诉讼督促、支持和监督作用，及时将履职中发现的破坏生态环境线索通报相关行政机关，督促、支持并参与生态环境损害赔偿磋商与诉讼，促进恢复受损的生态环境。

（二）检察机关可以通过提供法律咨询、提交书面意见、协助调查取证、派员出庭等方式支持生态环境损害赔偿权利人提起诉讼

检察机关利用自身法律专业优势、客观中立地位，协助赔偿权利人开展调查取证、查明案件事实，对环境损害程度、修复费用等关键性问题委托专门机构进行鉴定。主动参与生态环境损害赔偿磋商程序，就赔偿金额、缴纳方式等方面提供法律意见。对磋商不成的，支持赔偿权利人依法提起诉讼，并在诉讼阶段提交支持起诉意见、派员出席法庭，共同做好庭审应对工作。

---

① 此处是指2017年修正的《民事诉讼法》，现为2021年修正后的第58条第2款。——编者注

（三）依法追究直接污染环境行为人的民事责任，同时主张非法提供污染物的企业共同承担生态修复责任

污染物来源企业负有法定的防治责任，在处理能力有限的情况下，应当按照法律、法规规定的程序和方法交由有处置资质的机构进行处置。对非法转移、倾倒、处置危险废物、固体废物，严重破坏生态环境的，不仅要依法惩治直接污染环境的行为人，更要注重源头追溯，依法追究放任他人非法处置污染物的企业责任，以落实"环境有价，损害必须担责"的要求。